B
879

MUSÉE PÉDAGOGIQUE

ET

BIBLIOTHÈQUE CENTRALE DE L'ENSEIGNEMENT PRIMAIRE

MÉMOIRES

ET

DOCUMENTS SCOLAIRES

PUBLIÉS PAR LE MUSÉE PÉDAGOGIQUE.

Fascicule n° 29.

LE CERTIFICAT

D'APTITUDE PÉDAGOGIQUE,

Par M. B. BERGER, inspecteur général.

PARIS.

IMPRIMERIE NATIONALE.

HACHETTE ET Cie,
ÉDITEURS,
Boulevard Saint-Germain, 79.

CH. DELAGRAVE,
ÉDITEUR,
Rue Soufflot, 15.

ALPHONSE PICARD,
Rue Bonaparte, 82.

1887.

MÉMOIRES ET DOCUMENTS SCOLAIRES

PUBLIÉS PAR LE MUSÉE PÉDAGOGIQUE.

Sous le titre de **Mémoires et documents scolaires**, le Musée pédagogique publie, à intervalles irréguliers, des travaux ou documents intéressant l'instruction publique à ses divers degrés. Les fascicules suivants ont déjà paru et sont en vente, à Paris, aux bureaux de la *Revue pédagogique*, librairie Ch. Delagrave, rue Soufflot, 15, à la librairie Hachette, boulevard Saint-Germain, 79, et chez Alphonse Picard, libraire, rue Bonaparte, 82.

Fascicule n° 1.

Le projet de loi sur l'organisation de l'enseignement primaire (1882-1884), recueil de documents parlementaires relatifs à la discussion de cette loi à la Chambre des députés. Un fort volume in-8° de XII-832 pages. Prix. . . . . 6 fr.

Fascicule n° 2.

Une acquisition de la bibliothèque du Musée pédagogique : *Dialogus Jacobi Fabri Stapulensis in phisicam introductionem. Introductio in phisicam Aristotelis;* in-4°, imprimé en 1510 par Jean Haller, à Cracovie. Étude bibliographique et pédagogique, par L. Massebieau. (Extrait de la *Revue pédagogique*, numéro du 15 mai 1885.) Une brochure in-8°. Prix, . . . 50 cent.

Fascicule n° 3.

Répertoire des ouvrages pédagogiques du **XVIᵉ** siècle (*Bibliothèques de Paris et des départements*). Un volume in-8° de 800 pages, imprimé à l'Imprimerie nationale. Prix. . . . . 5 fr.

Fascicule n° 4.

Les sciences expérimentales dans l'enseignement primaire, par René Leblanc. (Extrait de la *Revue pédagogique*, numéros du 15 février et du 15 mai 1883, et numéro du 15 août 1885.) Une brochure in-8°. Prix. . . . . 80 cent.

Fascicule n° 5.

Compte rendu officiel du Congrès international d'instituteurs et d'institutrices, tenu au Havre du 6 au 10 septembre 1885. Un volume in-8°. Prix. . . . . 2 fr.

Fascicule n° 6.

Règlements et programmes d'études des écoles normales d'instituteurs et des écoles normales d'institutrices. Un volume in-8°, imprimé à l'Imprimerie nationale. Prix. . . . . 1ᶠ 25ᶜ.

Fascicule n° 7.

Schola aquitanica : *Programme d'études du collège de Guyenne au XVIᵉ siècle*, réimprimé avec une préface, une traduction française et des notes, par L. Massebieau. Un volume in-8°. Prix. . . . . 1ᶠ 80ᶜ.

Fascicule n° 8.

Instruction spéciale sur l'enseignement du travail manuel dans les écoles normales d'instituteurs et les écoles primaires élémentaires et supérieures. Un volume in-8°, imprimé à l'Imprimerie nationale. Prix. . . . . 70 cent.

Fascicule n° 9.

Projet d'instruction pour l'installation d'écoles enfantines modèles. Un volume in-8°, imprimé à l'Imprimerie nationale. Prix. . . . . 1 fr.

Fascicule n° 10.

Le projet de loi sur l'organisation de l'enseignement primaire (1886), recueil de documents parlementaires relatifs à la discussion de cette loi au Sénat (1ʳᵉ *délibération*). Un fort volume in-8° de 586 pages. Prix. . . . . 3 fr.

LE CERTIFICAT

D'APTITUDE PÉDAGOGIQUE.

8° R
6872

MINISTÈRE

DE

L'INSTRUCTION PUBLIQUE ET DES BEAUX-ARTS.

LE CERTIFICAT

D'APTITUDE PÉDAGOGIQUE,

PAR M. B. BERGER,

INSPECTEUR GÉNÉRAL.

PARIS.

IMPRIMERIE NATIONALE.

M DCCC LXXXVII.

LE CERTIFICAT

D'APTITUDE PÉDAGOGIQUE.

HISTORIQUE. — LÉGISLATION.

I

L'idée du certificat d'aptitude pédagogique est née de la nécessité bien reconnue de constater, chez quiconque prétend se livrer à l'enseignement, l'aptitude à conduire les jeunes esprits, à faire de l'instruction un moyen d'éducation en obtenant que l'enfant s'améliore par les choses qu'il apprend aussi bien que par la manière dont il les apprend. On a d'abord pensé à rendre juge de cette aptitude la Commission d'examen pour le brevet de capacité, et, de 1833 à 1850, il y eut une épreuve à ce sujet dans l'examen du brevet élémentaire [1] et deux dans l'examen du brevet supérieur [2]. Mais ces épreuves tout orales ne pouvaient bien constater l'art d'enseigner ni l'aptitude à diriger une classe de façon à y assurer le travail et l'ordre. Après 1850, le règlement du 15 février 1853 ainsi que celui du 3 juillet 1866 mentionnaient, à la vérité, le droit pour les Commissions d'examen de s'assurer que les candidats s'étaient préparés à l'enseignement des diverses matières [3], mais nulle part cette partie de l'examen n'avait une portée sérieuse et n'était comptée dans la note pour l'admissibilité.

---

[1] Procédés pour l'enseignement de la lecture et de l'écriture.

[2] Questions sur les méthodes d'enseignement : simultané, mutuel. Leçon orale sur une matière d'enseignement. (*Statut du 19 juillet 1833.*)

[3] Des questions sur les procédés d'enseignement des diverses matières comprises dans le programme obligatoire seront, en outre, adressées aux candidats. (*Art. 15, § 6*).

C'était pour remédier à cette lacune ou à cette insuffisance des titres de capacité que, dans beaucoup de départements, on avait institué dans les écoles normales, durant les vacances annuelles, des cours de pédagogie où des instituteurs ayant souvent plusieurs années d'exercice étaient appelés, pendant une ou deux semaines, à fortifier leur instruction et à raviver leur zèle. Mais cette utile mesure n'était pas générale et froissait certaines susceptibilités; en outre, elle n'atteignait pas ceux qui en avaient le plus besoin. Il fallait recourir à d'autres moyens et montrer nettement les qualités que l'on demandait aux maîtres de l'enfance pour les investir d'un titre définitif.

Aussi, lors de la réforme de l'enseignement inaugurée en 1880 par la création d'un Conseil supérieur élu, l'institution d'un certificat d'aptitude pédagogique fut considérée comme répondant à un des besoins impérieux de notre enseignement primaire et constituant une des innovations les plus importantes du régime nouveau. Comme l'avait dit Guizot : « Comment savoir former l'homme sans le connaître, et comment le connaître sans avoir étudié ce qui constitue son intelligence et contribue à déterminer sa volonté? [1] »

Dans l'enquête faite en 1880 sur les examens du brevet de capacité, les autorités universitaires avaient été unanimes sur ce point, qu'il fallait demander à nos instituteurs et à nos institutrices, non seulement d'être convenablement instruits, mais d'être aptes à enseigner avec succès. Aussi le Conseil supérieur s'empressa, dans sa session de décembre 1880, d'instituer le titre nouveau qui devait compléter l'un ou l'autre brevet et constituer un diplôme professionnel, sous le titre de *certificat d'aptitude pédagogique*. On trouve exposés les motifs de cette création dans la circulaire du 25 février 1881 :

« C'est une vérité devenue banale que, fût-on en possession du brevet supérieur, on n'a pas encore fait la preuve de sa capacité à enseigner, à diriger des enfants, à organiser une école, à y introduire les meilleurs procédés d'enseignement, à distribuer, en un mot, dans le moins de temps et avec le moins de fatigue possible pour le maître et pour les élèves, la plus grande somme de connaissances.

---

[1] *Comment on peut remédier à l'inégalité des facultés* (1811).

« Beaucoup auraient souhaité que la constatation de l'aptitude
pédagogique de nos futurs instituteurs fît partie de l'examen de
capacité; mais outre qu'en obligeant à une telle épreuve les aspirants à l'un ou à l'autre brevet, on aurait surchargé et compliqué à l'excès soit l'examen du brevet élémentaire qu'on voulait alléger, soit l'examen du brevet supérieur qui se trouve déjà
bien assez difficile, on serait arrivé par la force même des choses
à amoindrir l'importance de cette épreuve et à lui faire perdre le
caractère spécial et sérieux qu'il importe de lui donner. Le certificat d'aptitude ne se place ni au-dessus de l'un ou l'autre brevet,
ni entre le brevet élémentaire et le brevet supérieur, il se place
à côté d'eux, il leur est parallèle, comme l'agrégation de l'enseignement secondaire se place à côté de la licence et du doctorat,
sans se confondre avec ces deux grades. Le nouveau titre représente des garanties d'un autre ordre, qui ne dispensent pas de
celles que constate le brevet, mais qui s'y ajoutent : je veux dire
la pratique de l'enseignement, le commerce assidu avec les enfants, un degré supérieur, enfin, de compétence et d'expérience
professionnelle.

« Du reste, la possession de ce diplôme a paru chose si importante et si désirable, que le Conseil supérieur a voulu le rendre
accessible au plus grand nombre. En effet, les trois épreuves qui
y conduisent ne sont guère que la constatation de la vocation
d'un maître, la preuve qu'il a le goût de son état, et que, dans
la pratique ordinaire de son enseignement, il sait remplir les
devoirs les plus stricts de sa charge. L'amour de sa profession et
des enfants, quelques lectures et beaucoup d'application suffiront
pour faire trouver leur voie à ceux qui la cherchent sincèrement
et pour les rendre dignes d'un titre qui, bientôt, tout permet de
l'espérer, sera considéré par l'opinion publique et par les admi-
nistrations départementales comme le complément obligé aussi
bien du brevet supérieur que du brevet élémentaire. » (*Circ. du
25 février 1881.*)

La première session ordinaire pour l'obtention du certificat
d'aptitude pédagogique eut lieu en octobre 1881 ; le 3, pour les
aspirantes, le 10, pour les aspirants, d'après les dispositions ci-
après du décret du 4 janvier 1881 :

ART. 3. Il est institué, sous le nom de *certificat d'aptitude pédagogique,* un titre complémentaire de l'un ou de l'autre brevet,

destiné à constater plus particulièrement l'aptitude des instituteurs ou des institutrices à la direction des écoles publiques comprenant plusieurs classes.

Art. 6. Les candidats au certificat d'aptitude pédagogique doivent
avoir au moins vingt et un ans révolus au moment de leur examen
et justifier de deux ans d'exercice au moins dans l'enseignement
public ou libre, à compter de l'époque où ils ont obtenu le brevet élémentaire.

Art. 7. Aucune dispense d'âge ni de stage ne pourra leur être
accordée.

Art. 8. Les Commissions d'examen tiennent par an une session
au moins pour le certificat d'aptitude pédagogique.

Art. 9. Pour l'examen relatif à ce dernier titre, la Commission est présidée par l'Inspecteur d'académie et comprend nécessairement deux inspecteurs primaires.

Ces dispositions étaient complétées par l'arrêté du 5 janvier
1881, art. 1er, § 3 : Le Ministre fixe un mois à l'avance la date
de la session d'examen pour le certificat d'aptitude pédagogique.
Art. 21. Le certificat d'aptitude pédagogique ne peut être
conféré qu'après examen subi, conformément aux prescriptions
des articles 3, 6 et 7 du décret du 4 janvier 1881.

Art. 22. L'examen se compose de trois épreuves :

1° Une composition française sur un sujet relatif à la tenue
de l'école ou aux procédés d'enseignement (cette épreuve est éliminatoire);

2° Une correction orale de devoirs d'élève faite devant le jury
après une demi-heure de préparation dans un lieu clos et sans
secours étranger;

3° Une leçon faite devant le jury et dont le sujet, tiré au sort,
pourra être une leçon de choses, une leçon d'instruction morale et civique, de langue française, d'histoire, de géographie,
d'arithmétique ou d'agriculture. Cette épreuve sera subie après
une heure de préparation dans les mêmes conditions que la précédente.

Art. 23. Le jury exprime la valeur de chacune des épreuves par les notes qui suivent :

Très bien; Bien; Passable; Mal; Nul.

Art. 25. Les notes données par la Commission sont le résultat de l'appréciation faite en commun de chaque épreuve.

Art. 26. La note *nul* sur l'une des matières obligatoires entraîne l'ajournement. A l'épreuve écrite du certificat d'aptitude pédagogique la note *mal* est éliminatoire.

Le 11 août 1881, le Ministre de l'instruction publique avait adressé aux Recteurs une circulaire destinée à préciser le sens des instructions précédentes et à faire que «le brevet nouveau entre dans l'organisation scolaire entouré de toutes les garanties qui doivent lui assigner son véritable caractère.»

Voici les éclaircissements donnés sur chacune des épreuves qui composent l'examen :

«L'épreuve écrite ne comporte qu'une seule composition, mais elle est éliminatoire; c'est dire toute l'importance que les Commissions doivent y attacher. Bien pénétrées de cette importance, elles rechercheront dans les copies qui leur seront remises, non seulement la preuve des connaissances professionnelles possédées par les candidats, mais encore ces qualités d'exposition et de style qui dénotent la maturité de l'esprit et la netteté des idées, et elles jugeront l'épreuve à ce double point de vue...

«La première épreuve orale consiste dans la correction d'un devoir d'élève et cette correction doit avoir lieu en présence d'élèves : il est dès lors à désirer, d'une part, que les enfants devant qui cette correction sera faite puissent s'y intéresser, et, d'autre part, que les candidats eux-mêmes soient soutenus dans leur correction par les interrogations qu'ils adresseront à ces enfants et par les réponses qu'ils en recevront. Ce sont donc, autant que possible, des devoirs de ces élèves mêmes que les candidats seront appelés à corriger dans les conditions déterminées par l'article 22 de l'arrêté du 5 janvier.

«Quant à la seconde épreuve qui consiste soit en une leçon de choses, soit en une leçon d'instruction morale et civique, de langue française, d'histoire, de géographie, d'arithmétique ou d'agriculture, elle devra, à plus forte raison, être subie devant la division de la classe primaire à laquelle la leçon est destinée. A ce propos, je ne crois pas qu'il soit inutile de recommander aux jurys de choisir les sujets de cette épreuve de telle sorte que les candidats ne se trouvent pas toujours en présence des plus grands élèves, une leçon faite à de petits enfants étant aussi concluante et au moins aussi difficile qu'une leçon faite aux élèves de la première division. Enfin, il n'échappera pas à ces mêmes Commissions que pour ne pas fatiguer les élèves et pour ne pas lasser leur attention elles devront, en quelque sorte, renouveler l'auditoire des candidats, en les appelant tantôt dans une école, tantôt dans une autre.

« Je ne doute pas, Monsieur le Recteur, ainsi que je l'écrivais dans ma circulaire du 25 février, que vous ne preniez un vif intérêt à ce nouvel examen, qui, s'il est bien dirigé dès le début, contribuera à constituer dans le corps enseignant primaire une élite à laquelle nous pourrons confier, en toute sécurité, les postes les plus importants et surtout la direction des écoles à classes nombreuses. Il y a dans le personnel actuel de l'instruction primaire un bon nombre de maîtres qui n'ont d'autre titre que le brevet simple et qui, ne disposant ni des ressources ni du temps nécessaire pour continuer leurs études, ne peuvent guère songer aux examens du brevet supérieur; ce sont, cependant, pour la plupart, des maîtres habiles qui ont su conquérir avec l'estime de l'Administration, la confiance du public et des familles : *c'est pour eux surtout qu'a été institué le certificat d'aptitude pédagogique.* Ils ont donné de nombreuses preuves de leur valeur professionnelle, il leur reste à en venir demander la constatation officielle, en faisant devant le jury d'examen ce qu'ils font tous les jours dans leurs classes. Le plus grand nombre répondra, j'en suis convaincu, à cet appel, et je compte, Monsieur le Recteur, sur vos conseils et sur ceux de MM. les Inspecteurs d'académie pour encourager et déterminer ceux qui hésiteraient encore. »

II

Malgré cette invitation encourageante, les instituteurs, et surtout les institutrices, pourvus du brevet simple se présentèrent en petit nombre aux diverses sessions, de 1881 à 1886, comme le montre le tableau ci-après :

SESSIONS ORDINAIRES.	ASPIRANTS		ASPIRANTES		SESSIONS EXTRAORD[cs] pour les maîtres des classes élémentaires.	
	PRÉSENTÉS.	ADMIS.	PRÉSEN-TÉES.	ADMISES.	PRÉSENTÉS.	ADMIS.
Octobre 1881.........	1,119	355	166	67	54	21
Octobre 1882.........	1,557	509	354	161	70	10
Octobre 1883.........	1,299	418	315	130	27	16
Juin 1884...........	1,450	452	398	152	26	18
Juin 1885...........	1,477	490	416	156	42	18
Avril 1886	2,007	650	609	267	"	"
	8,909	2,874	2,258	933	219	83

Le certificat d'aptitude pédagogique restait, on le voit, aux
yeux du personnel enseignant, un titre spécial qui devait marquer
une élite aspirant à la direction d'écoles à plusieurs classes,
mais dont n'avaient pas à se préoccuper ceux qui se contentaient
d'une école ordinaire.

Il faut bien dire aussi que les jurys d'examen se montraient
d'une sévérité qui ne semblait pas être dans les vues de la circulaire du 11 août 1881. «L'examen est trop élevé pour qu'on
puisse l'exiger indistinctement de tous les titulaires, dit M. Gréard ;
jusqu'à présent les échecs ont été nombreux; les maîtres les plus
sûrs d'eux-mêmes hésitent à se présenter. »

Tantôt on demandait aux candidats de faire preuve d'un certain
art de composition et de lectures abondantes, tantôt on exigeait
d'eux une facilité d'élocution et un art d'exposition que ne comporte guère l'enseignement primaire. Les admissions restaient
entre 32 et 45 p. o/o des inscriptions [1].

III

Le règlement des examens du brevet élémentaire du 5 janvier
1881 était regardé généralement comme abaissant le niveau du

---

[1] Dans les neuf départements de l'Académie de Paris, à la session extraordinaire de novembre 1886, les admissions n'ont été que de 34,35 p. o/o pour
les aspirants, et de 30,38 pour les aspirantes, et, pour le seul département de
la Seine, de 29,41 et de 27,77.

brevet simple et amenant dans les écoles des maîtres et maîtresses trop faiblement préparés. Une seconde enquête eut lieu le
8 mai 1884 auprès des Recteurs et des fonctionnaires chargés
de la surveillance de l'enseignement primaire, et parmi les questions à examiner étaient celles-ci : Y a-t-il lieu de relever le
niveau du brevet élémentaire et par quels moyens? Faut-il, au
contraire, ne le considérer que comme un titre provisoire suffisant pour exercer en qualité de stagiaire, et exiger le certificat
d'aptitude pédagogique de tous les titulaires, au moins dans
l'enseignement public?

La plupart des Recteurs furent favorables au maintien du certificat d'aptitude pédagogique, sauf à en modifier les épreuves;
ils le considérèrent comme le complément obligé du brevet simple,
qui ne saurait constater que le degré d'instruction indispensable.
Dans un mémoire présenté à la section permanente du Conseil
supérieur, en novembre 1884, M. Buisson, directeur de l'enseignement primaire, développa ainsi les raisons qui devaient faire
prévaloir cette solution :

«Il y a deux sortes de garanties à demander de quiconque
se propose pour élever l'enfance ou la jeunesse; et, du moins
quand il s'agit de l'enseignement primaire, elles ne se confondent
ni ne se suppléent exactement.

«Il faut qu'il justifie d'abord d'une certaine instruction générale. Pour s'assurer qu'il la possède, il faut et il suffit qu'on lui
fasse subir quelques épreuves écrites et orales montrant quel
fruit il a tiré de ses études et quel degré de connaissances il a
atteint dans les cinq ou six matières qui seront le fond de son
enseignement comme de sa propre instruction. Voilà la raison
d'être et le véritable, le seul objet du brevet.

«Muni de ce titre, qui prouve seulement qu'il n'est ni ignorant
ni incapable, le candidat est jugé digne de quoi? de diriger une
école? Non, mais d'apprendre à la diriger. D'élève ou de moniteur qu'il était, il est apte à devenir sous-maître, adjoint, suppléant et auxiliaire du directeur : c'est maintenant qu'il va, s'il
travaille et s'il est bien dirigé, acquérir un nouveau genre de
qualités, cette seconde sorte de titres qui lui faisait défaut. Peu
à peu, de mois en mois, d'année en année, son directeur lui
laisse plus d'initiative, lui confie une tâche plus personnelle, lui
impose plus de responsabilité. Par l'expérience, il apprend ce
que c'est qu'une classe primaire, c'est-à-dire un groupe d'enfants

presque toujours inégaux d'âge et de savoir; il découvre les difficultés particulières et les procédés, les secrets de métier, qu'il faut connaître pour donner avec quelque fruit cet enseignement à la fois simultané et gradué, pour le donner non pas suivant les hasards de l'inspiration quotidienne, mais de manière à faire avancer sûrement tous les élèves et chaque élève; il comprend enfin, ce que beaucoup de personnes éclairées ne savent pas, que la question de programmes et d'emploi du temps, qui peut être une question de réforme et de perfectionnement dans l'enseignement secondaire, est une question de vie ou de mort dans l'école primaire, qu'il y va du tout au tout pour l'avenir des écoles qu'on suive tel programme ou tel autre, et qu'en définitive, faute d'un plan d'études très minutieusement tracé, encore plus scrupuleusement observé, la moitié des enfants sortiront de l'école pour toujours sans en emporter le strict minimum de l'instruction, car ils ont tout juste le temps de l'acquérir à la condition qu'on ne leur fasse perdre en tâtonnements ni un mois, ni une semaine.

« Quand il aura de la sorte sinon appris, du moins entrevu les obligations de sa profession, il lui sera venu sur la tenue de la classe, sur la discipline, sur chaque ordre d'enseignement, sur chaque genre de leçons et d'exercices scolaires, des idées qui, sans être originales, seront à lui en ce sens qu'elles naîtront de l'observation. C'est alors qu'il est naturel, qu'il est opportun de demander au jeune maître la justification d'une certaine aptitude pédagogique. C'est après cet apprentissage qu'on peut lui demander, sans dérision, comment il enseigne et comment il pense qu'on doit enseigner.

« Voilà le second examen, l'examen professionnel, celui dont aujourd'hui, on déplore l'absence, et qu'on vous demande, Messieurs, d'ajouter au brevet élémentaire. Il faut l'y ajouter en effet, mais à l'intervalle voulu. Et puisque nous n'avons pas ici à faire les lois, puisqu'il ne nous appartient pas de rendre cet examen complémentaire légalement obligatoire, bornons-nous à en faire l'expérience dans les écoles publiques et à donner un exemple qui sera bientôt suivi.

. . . .

« Tous nos jeunes maîtres sauront que désormais, au lieu de les nommer titulaires à l'âge de vingt et un ans sur le seul témoi-

gnage de leur chef immédiat, d'après une appréciation sommaire
et sans contrôle, l'Administration s'impose la tâche d'examiner
comparativement, publiquement, tous les candidats, et de leur
tenir compte de leur mérite pédagogique. Ils sauront de plus que
leur avenir dépend pour une large mesure de leur succès à cet
examen, et que la seule manière de s'y préparer sera de s'être
appliqués chaque jour à bien faire leur classe.

« Cette sanction finale du stage, cette sorte d'épreuve probatoire
du titulariat, si elle s'introduit dans nos usages universitaires,
suffira pour rétablir l'équilibre, peut-être rompu en ce moment
par l'abus des diplomes ou plutôt par l'excès de confiance qu'on
y attache. Elle remettra en honneur tout un ordre de garanties
que le brevet ne comporte pas. Elle permettra de tenir compte
officiellement, sans soupçon possible de caprice et d'arbitraire,
avec une équité précise, sûre et délicate, non seulement des connaissances acquises, mais de l'usage que le candidat en sait faire,
de ses dons naturels d'éducateur, de son expérience, de sa tenue,
de ce je ne sais quoi qui ne se détache pas de la personne même.
C'est enfin cet examen tout pédagogique qui nous fera mieux
sentir combien le brevet à lui seul est nécessairement insuffisant,
combien il y a loin d'un breveté à un instituteur, et tout ce qu'il
faut ajouter de son âme au mince bagage d'un diplôme pour
mériter d'élever des enfants. »

IV

Ce langage élevé, inspiré par un sentiment profond des besoins des écoles primaires, porta la conviction au sein du Conseil
supérieur et, à la session de décembre 1884, furent élaborés un
décret et un arrêté, portant la date du 30 décembre, qui renou-
velaient dans leurs dispositions générales le décret et l'arrêté
de janvier 1881, mais qui, en supprimant le caractère spécial
du certificat d'aptitude pédagogique, la capacité de diriger une
école à plusieurs classes, en faisaient *un vrai titre professionnel
pour la direction de toute école publique.*

Voici le texte du décret :

ART. 3. Il est institué un examen pratique complémentaire de
l'un ou de l'autre brevet. Cet examen, destiné à constater l'aptitude à la direction d'une école publique, est accessible à tous les
membres de l'enseignement primaire public ou libre.

Les candidats qui auront subi l'examen avec succès recevront une attestation signée de l'Inspecteur d'académie et qui prendra le nom de *Certificat d'aptitude pédagogique.*

L'âge de vingt et un ans et deux années d'exercice dans l'enseignement public ou libre continuent d'être exigés des candidats à l'examen.

Art. 8. Il y aura chaque année une session au moins pour le certificat d'aptitude pédagogique.

Art. 9. Les Commissions d'examen sont composées de cinq membres au moins. Elles sont nommées annuellement par le Recteur; elles comprennent nécessairement : 1°l'Inspecteur d'académie président, et, en cas d'empêchement de sa part, un suppléant désigné par le Recteur; 2° deux inspecteurs primaires, dont l'un est chargé des fonctions de secrétaire; 3° le directeur ou, à son défaut, un professeur de l'école normale d'instituteurs pour l'examen des aspirants, la directrice ou une maîtresse de l'école normale d'institutrices pour l'examen des aspirantes.

Art. 10. Les Commissions ne peuvent délibérer régulièrement sur l'admissibilité ou l'admission définitive des candidats qu'autant que cinq de leurs membres sont présents. Les délibérations sont prises à la majorité des suffrages. En cas de partage, la voix du président est prépondérante.

L'arrêté du 30 décembre ajoute les dispositions réglementaires suivantes :

D'après l'article 1er la session pour le certificat d'aptitude pédagogique a lieu au mois d'avril; la date en est fixée par le Ministre au moins un mois à l'avance; elle commence le même jour dans tous les départements.

Art. 2. Les sujets de composition sont envoyés, sous pli cacheté, par le Ministre.

Art. 20. L'examen comporte :

1° Une composition française sur un sujet relatif à la tenue et à la direction d'une école. Cette épreuve est éliminatoire (durée de l'épreuve, deux heures);

2° Une leçon très simple faite de vive voix par le candidat dans les limites du programme de l'un des trois cours de l'école primaire élémentaire;

3° La correction d'un devoir d'élève désigné par le jury et l'appréciation d'un cahier de devoirs mensuels.

Il sera accordé pour ces deux épreuves (leçon et correction) une heure et demie de préparation en lieu clos, sans secours étrangers;

4° Des questions de pédagogie pratique et élémentaire seront posées aux candidats à l'occasion des épreuves précédentes.

Art. 25. La note *nul* sur l'un des groupes des matières énumérées à l'article ci-dessus entraîne l'ajournement.

Art. 26. Nul n'est admissible s'il n'a obtenu la moitié du maximum des point à l'épreuve écrite. Nul n'est admis définitivement s'il n'a obtenu la moitié (20) du maximum des points aux diverses épreuves.

V.

Ce sont ces dispositions qui ont été appliquées dans les sessions de 1885 et de 1886, sans que l'on ait vu un plus grand nombre de candidats réclamer le titre. Les Commissions continuaient de se montrer exigeantes comme s'il s'agissait toujours de discerner une élite destinée aux écoles les plus importantes, et non de constater une capacité suffisante pour bien diriger une école. C'est à peine si un tiers des candidats obtenait le diplôme : il est même des départements où les Commissions refusaient presque tout le monde.

C'est dans cette situation peu satisfaisante que se trouvait l'institution quand vint la loi du 30 octobre 1886, qui en fit la condition rigoureuse de la nomination comme titulaire. On comprend quelle émotion se manifesta, à Paris surtout, parmi les nombreux adjoints et adjointes, suppléants et suppléantes qui ne s'étaient pas préoccupés jusque-là d'obtenir le certificat d'aptitude pédagogique.

L'Administration, pour leur fournir les moyens de sortir d'une situation mal définie, résolut de créer des conférences où tous ces maîtres pourraient se préparer au nouveau titre. Elle leur en facilitait l'acquisition en dispensant de l'épreuve écrite quiconque justifiait de cinq ans de services dans l'enseignement au moment de la promulgation de la loi.

Dès que parut, au *Journal officiel* du 25 décembre 1886, l'avis de l'ouverture de ces conférences au musée pédagogique à partir du jeudi 6 janvier, on vit, en quatre jours, accourir plus de neuf cents personnes pour obtenir des cartes d'admission. Or, l'Administration ne disposant au plus que de 225 places à chaque conférence, il fallut bien faire un choix parmi les postulants et l'on prit ceux qui avaient le plus d'intérêt à la prompte possession de ce titre, c'est-à-dire ceux qui comptaient le plus d'années de service. On s'arrêta aux candidats qui avaient une nomination antérieure à 1880, et le nombre en fut plus que suffisant pour l'espace dont on disposait.

M. Berger, inspecteur général, directeur du musée pédagogique, avait été chargé de l'organisation de ces conférences, qui avaient surtout pour objet de montrer ce que devait être l'enseignement des écoles primaires depuis le programme développé dans les instructions du 27 juillet 1882.

Il s'associa, à cet effet :

M. Carré, inspecteur général, pour tout ce qui se rapporte à l'enseignement de la langue française;

M. Vintéjoux, professeur de mathématiques au lycée Saint-Louis, ancien membre du Conseil supérieur, pour l'arithmétique et les notions élémentaires de géométrie;

M. Schäfer, professeur d'histoire au même lycée, pour l'enseignement de l'histoire et de la géographie;

M. Georgin, inspecteur primaire, membre du Conseil départemental de la Seine, pour les notions élémentaires de sciences physiques et naturelles.

Chacun d'eux devait faire deux conférences aux instituteurs et deux aux institutrices.

VI

M. Berger s'était chargé d'exposer, dans une séance d'introduction, les caractères du nouveau titre et les conditions nouvelles de l'examen.

Après avoir montré comment, sous les divers régimes de 1833 à 1886, on avait cherché les moyens de constater chez les nouveaux maîtres l'aptitude aux fonctions de l'enseignement, il analysa les conditions dans lesquelles venait d'être résolu le problème.

D'abord la loi du 3o octobre 1866 pose les principes suivants :

Art. 20. Nul ne peut être nommé dans une école publique à une fonction quelconque d'enseignement s'il n'est muni du titre de capacité correspondant à cette fonction et tel qu'il est prévu soit par la loi, soit par les règlements universitaires.

Art. 21. Des décrets et arrêtés rendus en Conseil supérieur détermineront les conditions d'obtention du brevet élémentaire et des divers titres de capacité exigibles dans les écoles publiques des différents degrés, savoir :

Le brevet supérieur,

Le certificat d'aptitude pédagogique,

Le certificat d'aptitude au professorat des écoles normales et des écoles primaires supérieures,

Les diplômes spéciaux pour les enseignements accessoires : dessin, chant, gymnastique, travaux manuels, langues vivantes, etc. ;

Ainsi que le mode de nomination et de fonctionnement des commissions chargées d'examiner les candidats à ces divers brevets.

Art. 22. Les instituteurs et institutrices sont divisés en stagiaires et titulaires.

Art. 23. Nul ne peut être nommé instituteur titulaire s'il n'a fait un stage de deux ans au moins dans une école publique ou privée, *s'il n'est pourvu du certificat d'aptitude pédagogique*, et s'il n'a été porté sur la liste d'admissibilité aux fonctions d'instituteur dressée par le Conseil départemental, conformément à l'article 27.

Le temps passé à l'école normale compte pour l'accomplissement du stage, aux élèves maîtres à partir de dix-huit ans, aux élèves maîtresses à partir de dix-sept.

Des dispenses de stage peuvent être accordées par le Ministre, sur l'avis du Conseil départemental.

Les titulaires chargés de la direction d'une école contenant plus de deux classes prennent le nom de directeur ou directrice d'école primaire élémentaire.

Le décret organique du 18 janvier 1887, rendu en Conseil supérieur, contient les dispositions ci-après :

Art. 6. Nulle ne peut être nommée directrice d'école maternelle sans être pourvue du certificat d'aptitude pédagogique.

Art. 107. Les candidats au certificat d'aptitude pédagogique doivent avoir vingt et un ans au moment de leur inscription, être pourvus du brevet élémentaire et justifier de deux années d'exercice au moins dans les écoles publiques ou dans les écoles privées, sauf les cas prévus par l'article 23 de la loi du 30 octobre 1886.

Art. 117. Les Commissions d'examen pour le brevet élémentaire, pour le brevet supérieur et pour le certificat d'aptitude pédagogique tiennent deux sessions ordinaires par an.

Ces Commissions sont nommées chaque année par le Recteur et siègent dans chaque chef-lieu de département, sauf les exceptions que le Ministre de l'instruction publique pourra autoriser, sur la proposition du Recteur.

Art. 120. Les Commissions d'examen pour le certificat d'aptitude pédagogique sont présidées par l'Inspecteur d'académie et composées de dix membres au moins choisis parmi les inspecteurs de l'enseignement primaire, les directeurs, directrices et professeurs d'écoles normales ou d'écoles primaires supérieures et les instituteurs ou institutrices du département. S'il y a dans le département une inspectrice des écoles maternelles, elle fait nécessairement partie de la Commission.

Si les candidats inscrits dans un département sont trop nombreux, le Recteur peut instituer d'autres Commissions d'examen en tel nombre qu'il jugera nécessaire.

Art. 121. Toute communication entre les candidats pendant les épreuves, toute fraude ou toute tentative de fraude commise dans un quelconque des examens ci-dessus spécifiés entraîne l'exclusion du candidat.

L'exclusion provisoire sera prononcée par le président ou par le membre de la Commission qu'il aura délégué pour le remplacer dans la surveillance des épreuves. Il en sera référé à la Commission qui prononcera, s'il y a lieu, l'exclusion définitive.

Les faits qui auront motivé l'exclusion d'un candidat feront l'objet d'un rapport adressé par le président de la Commission à l'Inspecteur d'académie. Celui-ci, après avoir dûment appelé le candidat et l'avoir entendu en ses moyens de défense, pourra le traduire devant le Conseil départemental. Le Conseil pourra prononcer l'interdiction pour le candidat de se présenter au même examen ou à tous les examens de l'enseignement primaire pendant une ou plusieurs sessions, sans que cette interdiction puisse s'étendre à une période de plus de deux années.

Si la fraude n'est découverte qu'après la délivrance du titre, le Ministre peut en prononcer le retrait.

Art. 122. Un arrêté ministériel, délibéré en Conseil supérieur de l'instruction publique, règlera la forme de chacun des examens, ainsi que le fonctionnement de chacune des Commissions.

Cet arrêté ministériel, également à la date du 18 janvier, règle à son titre II, chapitre ii, les formes de l'examen du certificat d'aptitude pédagogique.

Art. 154. Les sessions réglementaires d'examen pour le certificat d'aptitude pédagogique ont lieu au mois de février et au mois de juin.

Art. 155. Les candidats au certificat d'aptitude pédagogique doivent se faire inscrire au bureau de l'Inspecteur d'académie quinze jours au moins avant l'ouverture de la session, et déposer :

Une demande d'inscription écrite et signée par eux;

Un extrait de leur acte de naissance;

Leur brevet élémentaire ou leur brevet supérieur, s'il y a lieu;

Un certificat de l'Inspecteur d'académie constatant qu'ils remplissent la condition de stage ou qu'ils en ont été dispensés.

Art. 156. Dans les sessions ordinaires, les compositions commencent le même jour dans tous les départements.

Le sujet de la composition écrite est choisi par l'Inspecteur d'académie.

Le pli cacheté est ouvert, séance tenante, par le président de la Commission, en présence des candidats.

Art. 157. Le dossier de chaque candidat et particulièrement les notes qu'il a obtenues dans l'inspection sont mis sous les yeux de la Commission, qui en tiendra compte dans ses appréciations.

Art. 158. L'examen du certificat d'aptitude pédagogique comprend :

Une épreuve écrite, laquelle est éliminatoire ; ·

Une épreuve pratique ;

Et une épreuve orale.

Art. 159. L'épreuve écrite consiste en une composition française sur un sujet élémentaire d'éducation ou d'enseignement.

Trois heures sont accordées pour cette épreuve.

Les candidats déclarés admissibles sont convoqués par séries au chef-lieu du département pour subir l'épreuve pratique et l'épreuve orale.

Art. 160. L'épreuve pratique consiste en une classe faite par le candidat dans une école primaire publique. Les aspirantes peuvent, sur leur demande, subir l'épreuve pratique dans une école maternelle. Mais, dans ce cas, le certificat qui leur sera délivré portera une mention spéciale et ne leur donnera droit à exercer comme titulaire que dans les écoles maternelles.

Les aspirantes reçues dans les conditions déterminées par le paragraphe précédent pourront, en outre, sur leur demande, subir, dans la même session ou dans une session ultérieure, l'épreuve pratique dans une école primaire. Mention en sera ajoutée sur leur certificat.

L'école dans laquelle le candidat est appelé à subir l'épreuve lui est ouverte vingt-quatre heures à l'avance. Il en prend la direction le jour de l'épreuve et est tenu de se conformer à un programme arrêté par la Commission.

Ce programme est remis au candidat vingt-quatre heures à l'avance. Il se rapprochera, autant que possible, de l'ordre des exercices inscrits à l'emploi du temps de l'école au jour de l'examen.

Art. 161. Pour procéder à l'épreuve pratique, la Commission d'examen peut se partager en sous-commissions de trois membres au moins. Un inspecteur primaire et un instituteur pour les aspirants, une institutrice pour les aspirantes font nécessairement partie de chacune de ces sous-commissions.

L'Inspecteur d'académie fait partie de droit de toutes les sous-commissions. En cas de partage des suffrages, sa voix est prépondérante.

ART. 162. L'épreuve orale consiste :

1° Dans l'appréciation de cahiers de devoirs mensuels ;

2° Dans des interrogations en rapport avec les autres épreuves déjà subies par le candidat, et portant sur des sujets relatifs à la tenue et à la direction d'une école primaire élémentaire ou maternelle, ou sur des questions de pédagogie pratique.

L'épreuve a lieu devant la Commission réunie. La durée n'en doit pas dépasser vingt minutes.

ART. 163. Chacune des épreuves est jugée d'après l'échelle de o à 20. Tout candidat qui n'a pas obtenu la note 10, tant pour l'épreuve écrite que pour l'épreuve pratique, est ajourné. Est ajourné également tout candidat qui n'a pas obtenu la moyenne 30 pour l'ensemble des épreuves.

ART. 164. Sur le vu du procès-verbal de la Commission d'examen, le Recteur délivre, s'il y a lieu, le certificat d'aptitude pédagogique, et, dans la quinzaine, adresse son rapport au Ministre sur les résultats de la session dans son académie.

VII

Le caractère spécial des examens pour l'obtention du certificat d'aptitude pédagogique, c'est l'appel qui y est fait à la culture personnelle du candidat, et plus encore à ses qualités professionnelles, à son habileté dans la direction d'une classe. En jugeant les diverses épreuves, la Commission a sous les yeux le dossier du candidat et particulièrement les notes d'inspection dont il a été l'objet pendant au moins deux années. S'il lui est arrivé de se montrer inhabile en traitant une question de pédagogie élémentaire, si ses idées ont été mal classées ou rendues un peu péniblement, mais si, d'autre part, les notes d'inspection le présentent comme un esprit méthodique, un maître dont la parole simple est pleine d'autorité et écoutée avec intérêt, la Commission saura tenir compte de ce bon témoignage et ne pas

l'ajourner après une composition un peu faible. Sans doute
une bonne rédaction sera toujours considérée comme la meilleure preuve d'une sérieuse préparation, d'une étude attentive
des questions d'enseignement, mais ce doit être, avant tout, du
fond des idées qu'il faut se préoccuper et ne pas se laisser prendre
à une certaine aisance de forme qui ne recouvrirait qu'un pur
bavardage et serait le résultat de lectures mal digérées. Les
Commissions ont souvent motivé les ajournements sur ce qu'a-
vaient de superficiel et de peu probant beaucoup de rédactions
où l'on ne trouvait pas d'idées personnelles, ni de jugements
appuyés sur l'expérience et la raison ; des copies où l'on recon-
naissait, cousus l'un à l'autre, des morceaux très disparates, une
science toute livresque, comme aurait dit Montaigne.

La meilleure préparation est donc, pour l'épreuve écrite
comme pour les épreuves pratiques, une application sérieuse à
bien faire la classe, à mettre en œuvre les instructions du plan
d'études publié le 27 juillet 1882, et à noter avec soin les points
dont on ne trouve pas l'application facile ou les résultats satis-
faisants. Il faudrait que, suivant l'exemple des grands pédagogues,
nos jeunes maîtres tinssent régulièrement un journal où ils consi-
gneraient leurs doutes et leurs mécomptes, leurs efforts et leurs
faiblesses, où ils célébreraient joyeusement leur triomphe ou
bien révéleraient leur découragement. Ces études pratiques, au
jour le jour, faites en même temps que de bonnes lectures dans
les auteurs les plus autorisés : les de Gerando, les Guizot, les
Rendu, Mme Necker de Saussure, Mme Pape-Carpantier, pour ne
parler que des morts, seront toujours la meilleure préparation
aux examens, la source du vrai savoir pédagogique. Il ne s'agit
pas de beaucoup lire, mais de lire la plume à la main les meilleurs
auteurs, et de s'en servir pour contrôler sa pratique.

Pour les leçons à faire, les dispositions nouvelles sont bien
préférables à celles des arrêtés de 1881 ou de 1884. C'est dans
une classe qu'il s'agit d'opérer, dans une classe qui aura pu
être étudiée vingt-quatre heures d'avance, dont la physionomie
sera dès lors bien connue, dont le ton et l'allure ne causeront
pas de surprise. Il s'agit de conduire cette classe sans brusque
modification, sur le même rythme, en quelque sorte, de façon
que les élèves suivent aisément leur nouveau maître et lui rendent le plus possible. Non que le candidat doive mettre une
sourdine à ses idées propres et trouver tout irréprochable, mais

on lui demande avant tout d'enseigner et il serait inexcusable
d'adresser aux élèves des reproches qui iraient frapper le maître
chargé de la classe. On a souvent remarqué que le personnel
enseignant a une tendance trop accusée à la critique et qu'il se
complaît à vanter les procédés qu'il emploie. C'est un travers
dont il faut que le jeune maître sache se garder : son jugement
se doit produire avec réserve et il doit attendre que des questions lui donnent lieu de s'expliquer ou de dire toute sa pensée
à la Commission. Ce tact dans la critique, cette modération dans
les jugements seront toujours une des meilleures preuves d'un
esprit pondéré et sérieux. Mais ce qui importe avant tout dans
cette épreuve, c'est que le candidat se montre apte à donner à
ses leçons une souplesse, une variété qui les rendent intéressantes, et qu'il sache mettre en mouvement la spontanéité intellectuelle de l'élève.

Vient ensuite l'examen des cahiers mensuels. Il s'est produit à leur sujet, parmi les maîtres, des opinions très diverses :
les uns y voient un moyen de s'assurer des progrès de l'élève
et de contrôler le mérite de l'enseignement; d'autres le mettent
en suspicion et craignent qu'il ne soit un trompe-l'œil. Le but
qui lui a été assigné par l'arrêté du 18 janvier 1887, article 15,
c'est bien de constituer un document permettant de suivre la
série des exercices et d'apprécier les progrès de l'élève d'année
en année. Il s'agit donc de vérifier si la tenue en est régulière et
si le travail de l'élève y est présenté sincèrement, s'il est bien
gradué et n'accuse pas un secours étranger. Le candidat au certificat d'aptitude pédagogique peut en appréciant les cahiers donner
une marque de sa sagacité en même temps que de sa compétence
à bien enseigner dans les divers cours d'une école primaire.

Les questions qui surviendront ensuite ont surtout pour objet
d'éclairer la Commission sur les études pédagogiques du candidat,
sur sa connaissance des procédés applicables à l'enseignement des
diverses matières, enfin sur les moyens dont il dispose pour
vaincre telle ou telle difficulté pratique. En un mot, il faut qu'il
fournisse la preuve qu'il ne se règle pas sur une simple habitude,
sur une pure pratique, mais qu'il raisonne toujours et ne fait
rien sans le rattacher à des principes éprouvés, à des observations réfléchies. Il importe que le nouveau titre constate une sérieuse préparation et, autant que possible, une vocation prononcée à ce qu'on a appelé un autre sacerdoce.

CONFÉRENCES SUR L'ENSEIGNEMENT

DE

LA LANGUE FRANÇAISE,

Par M. I. CARRÉ, Inspecteur général de l'Instruction publique.

RÉSUMÉ

des conférences sur l'enseignement de la langue française,
par M. I. Carré.

1re Conférence : La Lecture et la Récitation.

1° De la lecture.

I

UTILITÉ DE LA LECTURE ET NÉCESSITÉ POUR L'ENFANT DE SAVOIR LIRE DE BONNE HEURE.

L'enfant ne peut se livrer à aucun travail personnel tant qu'il ne sait pas lire. La lecture est la clef de tout. Erreur de Rousseau, qui prétend instruire son élève sans le secours des livres, par la seule conversation. L'enseignement oral est le véritable enseignement, soit; mais lire un livre, n'est-ce pas converser en quelque sorte avec celui qui en est l'auteur? Pourquoi se priver d'un aussi puissant moyen d'éducation? D'ailleurs, si l'on attend trop pour apprendre à lire à un enfant, cette étude lui sera d'autant plus pénible et plus difficile. Un enfant doit savoir lire à six ans, à sept ans au plus tard ; et, d'une manière générale, avant la fin de sa première année d'école.

II

DES MÉTHODES DE LECTURE.

Est-il vrai, comme on le dit quelquefois, que toutes les méthodes soient bonnes, que la meilleure soit celle qui plaît le plus au maître qui l'emploie? Sans doute, on voit des élèves apprendre à lire par les méthodes les plus défectueuses; mais pourquoi ne pas leur faciliter la tâche quand on le peut, par l'emploi de méthodes rationnelles et plus expéditives? Au fond, toutes les méthodes de lecture se ramènent à deux : l'ancienne, qui fait d'abord étudier toutes les lettres de l'alphabet avec leur nom vulgaire, *a, b, c, d*, et qui ensuite décompose les mots par l'épellation littérale; la nouvelle, due à Pascal, qui se contente d'ajouter le son *e* aux consonnes pour les appeler, *be, ce, de*, et qui ensuite s'abstient de décomposer tout ce qui, voyelle ou consonne, présente un son simple, indécomposable pour l'oreille; ainsi, *ph, ch, gn, ill*; ainsi encore, *an, in, on, un*, etc.

L'ancienne méthode, qu'on a bien tort de décorer du nom de méthode, puisqu'elle n'établit aucun groupement rationnel des lettres, aucune gradation dans les difficultés, est surtout caractérisée par ce fait, qu'elle considère chaque mot comme un assemblage de lettres et non comme la représentation d'un son ou d'un groupe de sons. D'où il résulte qu'il ne sert de rien à l'enfant d'avoir appris le nom des lettres, quand il lui faut les assembler, c'est-à-dire les lire. *Cé, ache, a* réunis ne font pas *cha; gé, err, i, enne* font encore moins *grin* ; tandis que l'enfant passe facilement de *che a* à *cha*, de *gre in* à *grin*. La nouvelle méthode est plus rationnelle; elle amène plus vite l'enfant à la lecture courante; donc elle doit être préférée. Ceci soit dit en passant; car il faudrait, pour traiter à fond cette question, une conférence tout entière.

III

LA LEÇON DE LECTURE PROPREMENT DITE ; COMMENT ELLE DOIT ÊTRE FAITE

DANS LES TROIS COURS : ÉLÉMENTAIRE, MOYEN, SUPÉRIEUR.

L'enfant a appris à lire, soit à l'école maternelle, soit à la classe enfantine, soit à l'école primaire, dans la division d'initiation qui en tient lieu; il sait syllaber dans un livre de lecture facile, il lui faut maintenant apprendre à bien lire. C'est l'objet des leçons qui lui seront faites dans les trois cours de l'école primaire proprement dite. La manière de faire cette leçon variera dans ces différents cours, selon la diversité du but qu'on veut atteindre. Au cours élémentaire, l'enfant doit apprendre à lire sans hésitation, à triompher de toutes les difficultés de la lecture matérielle; dans le cours moyen, il apprendra à lire d'une manière intelligente et accentuée; il se perfectionnera dans le cours supérieur, où la lecture doit surtout être considérée comme un moyen d'instruction et de développement intellectuel. Il importe que la leçon, dans chacun de ces cours, ait son caractère bien marqué.

Je recommanderais, pour le *cours élémentaire*, la lecture simultanée et mécanique. Voici comment j'entends la chose :

1° Les élèves lisent tous à la fois, en détachant toutes les syllabes, en les scandant pour ainsi dire, mais sans aucune intonation particulière. Le maître lit avec eux, surtout dans les commencements, et conduit le chœur, en quelque sorte. Ce qu'il faut tâcher d'obtenir ici, c'est l'articulation, c'est la prononciation nette et distincte de chaque son. J'appuierais sur les syllabes muettes comme sur les autres. (Ici le conférencier donne un exemple.) L'important pour le moment, ce n'est pas que l'élève comprenne, c'est qu'il reconnaisse vite les lettres et qu'il trouve les sons qu'elles représentent; c'est aussi qu'il articule bien, qu'il ne laisse dans le texte rien qui ne soit prononcé purement et correctement.

2° Le maître alors explique le texte; il s'assure, par des interrogations, que ce texte est compris dans son ensemble et dans ses détails.

3° Il le lit lui-même avec l'intonation convenable, d'une manière accentuée et intelligente qui fasse sentir aux élèves ce que la lecture mécanique ne leur aurait pas fait suffisamment comprendre.

4° Tous les élèves, ou, s'ils sont trop nombreux, les élèves de chaque table, à tour de rôle, lisent ensemble, avec intonation cette fois, phrase par phrase, alinéa par alinéa. On leur fait répéter chaque phrase autant de fois que cela est nécessaire pour obtenir un résultat satisfaisant.

5° Enfin, dans la crainte que certains élèves ne s'habituent trop à être soutenus par leurs camarades et à se contenter de les suivre, on en fait lire chaque fois quelques-uns, à tour de rôle, individuellement.

Avantages de cette manière de procéder : *tous* les élèves lisent *tous* les jours et les parents ne peuvent pas se plaindre que leurs enfants soient restés plusieurs jours sans qu'on les ait fait lire; tous les élèves ont été occupés et par suite la discipline a été facile; il y a eu dans toute la classe de l'animation et de la vie; enfin, les élèves qui bégaient, qui zézaient, qui grasseyent, sont entraînés, par l'imitation de leurs camarades, à bien prononcer, à voir et à rendre tout ce qui se trouve dans chaque mot.

Objections : 1° Il y a des élèves qui ne font aucun effort et qui se contentent de suivre les autres. — C'est au maître à y avoir l'œil. Croit-on d'ailleurs qu'avec la lecture individuelle tous les élèves soient toujours attentifs? 2° Les élèves, devant prendre un ton uniforme, s'habitueront à chanter. — Il peut se faire, en effet, que certaines inflexions soient exagérées ou monotones, qu'elles manquent de naturel; mais cela se corrige facilement plus tard, tandis qu'il est difficile de faire renoncer les élèves à cette sorte d'ânonnement monotone dont on contracte l'habitude dans certaines écoles et qui est bien moins naturel encore. 3° Avec cette pratique, on ne peut lire que des morceaux fort courts, quinze ou vingt lignes au plus. — Sans doute; mais mieux vaut quinze ou vingt lignes bien comprises et bien lues que des pages entières déchiffrées péniblement, sans grand profit intellectuel et avec un grand ennui pour tout le monde.

Cours moyen. — Le but n'est plus le même. Ce qu'on doit viser ici, c'est la lecture intelligente, accentuée, faite avec l'intonation convenable. La manière de faire la leçon variera en conséquence.

1° Le maître commence par lire lui-même le morceau qui fait l'objet de la leçon.

2° Il explique ou fait expliquer par les élèves le sens des mots et des phrases.

3° Il fait lire les élèves à tour de rôle, individuellement. Il les corrige quand ils lisent mal, et fait reprendre la même phrase plusieurs fois, si c'est nécessaire, par un élève, puis par un autre, jusqu'à ce qu'elle soit bien lue.

4° Il résume et fait résumer le morceau de vive voix et en tire les divers enseignements qu'il comporte, au point de vue de l'instruction des élèves, au point de vue de la composition, au point de vue de la leçon morale qui peut en ressortir.

Ici encore le morceau ne sera pas trop long; il ne dépassera pas une trentaine de lignes.

Cours supérieur. — Arrivés à ce cours, les élèves doivent savoir lire. Le maître se contente de corriger ce qui est vicieux, de redresser ce qui est faux, etc. Il perfectionne ce qui a été fait dans le cours moyen. Naturellement, on y lit davantage, on n'y recommence une phrase que lorsqu'elle a été mal lue. La leçon a pour principal objet d'accroître l'instruction des élèves et de leur inspirer le goût de la lecture personnelle.

IV

QUELQUES RECOMMANDATIONS PRATIQUES.

1° Ne pas faire lire les élèves les uns à la suite des autres, dans l'ordre dans lequel ils sont placés.

2° Ne pas arrêter à chaque instant l'élève qui lit pour lui poser des questions soit sur le sens des mots, soit sur la pensée de l'auteur; mais attendre qu'il soit arrivé à la fin de la phrase et, souvent même, à la fin du paragraphe.

3° Faire toujours la question avant de désigner l'élève qui doit y répondre ; c'est le moyen de tenir toute la classe en éveil.

4° Autrefois les élèves lisaient sans rien expliquer; aujourd'hui il arrive parfois, surtout quand l'inspecteur est là, que la leçon de lecture se passe presque tout entière en explications; on fait de tout à propos de la lecture, mais on ne lit plus. Il y a excès de part et d'autre. Si le morceau qui est lu renferme des termes historiques, géographiques, scientifiques, etc., ayant trait à des choses que les élèves ne connaissent pas, ce n'est pas le moment de leur faire une leçon d'histoire, de géographie ou de science; le maître doit se borner à donner le sens littéral du terme, et, d'une manière générale, il ne doit donner que les explications nécessaires à l'élève pour comprendre la suite des idées et la pensée générale du morceau.

5° Ne pas attacher une trop grande importance aux liaisons, comme si tout l'art de la lecture consistait à faire sonner les *s* et les *t*. Il est des maîtres qui font faire la liaison, même après une pause : *Des moutons paissaient ten sûreté dans un parc.* J'en ai connu qui faisaient prononcer l'*r* final de l'infinitif de la première conjugaison devant une consonne : *Il faut aimerr ses parents.* « C'est, disent-ils, afin d'habituer les élèves à distinguer l'infinitif du participe passé; » c'est-à-dire que, pour leur faire éviter une faute d'orthographe, ils leur font contracter un vice de prononciation : je ne vois pas bien où est le profit. J'ai entendu un jour un maître reprendre l'élève, parce qu'il ne faisait pas la liaison dans : *ah! mais oui.* Il tint à ce qu'il prononçât comme s'il y avait : *ah! mes ouïes.* — Il y a cependant des liaisons qui sont nécessaires : « car tout ce que nous sommes, lynx envers nos parei*ls* et tau*pes* envers nous » (La Fontaine); ainsi encore : « les hommes éminents qui représen*tent* ici la splendeur littéraire de la France; » « ceux qui s'abandon*nent* au premier feu de leur imagination » (Buffon), etc.

6° Reprendre, sans jamais y manquer, tout ce qui est mauvaise prononciation, accent vicieux; et, avant tout, se surveiller soi-même pour ne pas donner un mauvais exemple. Ainsi ne pas dire : *ain juste* pour *un juste;* la *grand'mère* pour la *grammaire;* un *gregny* pour un *grenier; jell'ai vu* pour *je l'ai vu;* la *léçon* pour la *leçon,* etc.

7° S'il arrive qu'un enfant ne donne pas le ton naturel, l'interrompre brusquement par une question relative à ses jeux, à ses occupations de la journée, et lui faire remarquer la différence qu'il met, bien à tort, entre la manière dont il lit et la manière dont il parle.

8° Obtenir que les élèves lisent lentement, mais sans traîner, c'est-à-dire qu'ils s'arrêtent, non pas seulement aux points et aux virgules, mais partout où le sens le permet; en un mot, comme le dit si bien M. Legouvé, qu'ils *ponctuent* en lisant. Bien couper les phrases qu'on lit, c'est en faire l'analyse logique, c'est montrer qu'on les comprend et les rendre faciles à comprendre pour ceux qui écoutent. On peut demander à tous les élèves de lire d'une manière intelligente; quant à lire d'une façon sentie, c'est autre chose. Chacun lit comme il sent et on ne peut lui demander que ce qu'il peut donner.

V

DU LIVRE DE LECTURE.

Le livre de lecture doit être un livre spécial. Ce n'est qu'à son défaut qu'on fait lire les élèves dans un livre d'histoire ou de science, par exemple. Sans doute, il faut toujours, quand on le peut, « joindre ensemble deux utilités », comme le recommande un pédagogue du dix-septième siècle, Nicole; mais l'accessoire ne doit jamais prendre la place du principal. Et ici, l'objet propre, essentiel, de la leçon, c'est d'apprendre à lire.

Chaque élève doit avoir son livre. Il est difficile que deux et parfois trois élèves suivent attentivement la leçon sur un même livre; et puis, que d'inconvénients au point de vue de la discipline! Cela n'est guère possible que si les livres de lecture appartiennent à l'école. Le maître, quand il en achète, les achètera donc toujours en nombre suffisant pour que chaque élève puisse avoir le sien, sauf à n'augmenter sa collection que lentement, d'année en année. Au moment de la leçon, il les remet aux élèves; la leçon terminée, il les resserre avec soin dans sa bibliothèque.

Ce livre devra être approprié à l'intelligence et à la force des élèves, à leur sexe aussi, et surtout à leurs futurs besoins. Il pourra être autre, par exemple, dans un pays d'industrie et dans un pays agricole. Mais, quel qu'il soit, il ne sera jamais trop fort, autrement il nécessite trop d'explications et la leçon manque son but. Il n'est pas nécessaire d'ailleurs que chaque livre soit lu depuis la première ligne jusqu'à la dernière; le maître peut se borner à faire lire les passages les plus intéressants, les mieux appropriés, se contentant d'analyser les autres et de marquer le lien qui les unit.

Il est désirable que les élèves passent assez fréquemment d'un livre à un autre; un nouveau livre réveille toujours leur intérêt.

VI

PRÉPARATION DE LA LEÇON DE LECTURE.

Pour qu'une leçon de lecture soit bien faite, il faut que le maître l'ait préparée : il faut qu'avant la classe il ait choisi le morceau qui en fera l'objet, qu'il l'ait étudié dans son ensemble et dans ses détails. Le journal de classe a été supprimé, mais non l'obligation pour le maître de préparer sa classe. Je lui conseillerais de souligner, dans l'exemplaire qu'il aura entre les mains au moment de la leçon, les mots sur lesquels porteront ses explications. Il faut qu'il sache ce qu'il dira sur chacun d'eux, c'est le moyen de ne rien omettre d'essentiel et de ne pas se perdre dans des divagations oiseuses. Je lui conseillerais aussi de s'exercer à le bien lire ; il aurait tort de regarder cette préparation comme au-dessous de lui. On ne peut pas bien lire et l'on ne doit jamais se risquer à lire en public quoi que ce soit qu'on ne connaisse pas et qu'on n'ait pas déjà lu à l'avance. Il doit aussi avoir prévu l'appréciation générale du morceau et l'enseignement qui en ressort. Enfin il doit avoir arrêté les questions qu'il posera, le sujet du devoir écrit que les élèves auront à faire comme application de cette leçon.

VII

APRÈS LA LEÇON DE LECTURE.

Pour que la leçon de lecture produise tous les fruits qu'on est en droit d'en attendre, il est bon qu'elle soit suivie d'un devoir écrit. Que sera ce devoir? Ce peut être, surtout avec les élèves du cours élémentaire, la réponse à une série de questions tirées du morceau qui vient d'être lu. Dans le cours moyen, ce sera la reproduction des explications qui ont été données à propos de certains mots, ou d'un petit développement auquel la lecture aura donné lieu. Dans le cours supérieur, on peut demander que les élèves, sans le secours du livre, reproduisent librement le morceau qui vient d'être lu, qu'ils en fassent une analyse critique, etc.

Avantages. Ce devoir grave les explications du maître dans la mémoire des élèves : une leçon sur laquelle on ne revient pas ne laisse pas une impression bien profonde ni bien durable. — Il est une excellente préparation à la composition française. L'élève, ici, ne travaille pas dans le vide; il est soutenu par son texte, par ce qui vient de lui être dit. Il peut y ajouter ce que son imagination lui fournira; mais il peut aussi se borner à une reproduction correcte et méthodique. Et n'est-ce donc rien pour un enfant que d'apprendre à disposer dans un bon ordre des idées raisonnables et à les exprimer d'une façon correcte?

VIII.

LA LEÇON DE LECTURE DOIT AVOIR POUR OBJET FINAL DE FAIRE AIMER LA LECTURE AUX ÉLÈVES.

Ce que l'élève apprend à l'école est peu de chose; l'important, c'est ce qu'il apprendra après sa sortie de l'école. La lec-

ture est un instrument mis à sa disposition; il faut obtenir qu'il
s'en serve. Il faut, dès l'école, lui faire contracter le goût et
même le besoin de lire, et, quand, il a quitté l'école, lui faciliter
les moyens de satisfaire ce goût. L'instituteur y peut beaucoup.
Je disais tout à l'heure qu'il fallait faire passer souvent les élèves
d'un livre à un autre; qu'au lieu de lire en classe chaque livre
tout entier, on pouvait se contenter d'en lire les passages principaux et laisser aux élèves, mis en appétit, le soin de lire le reste
en leur particulier, soit à l'école, soit en dehors des classes dans
leurs familles (ce que je préférerais pour ma part à ces exercices
écrits, qui en général les intéressent peu, qu'ils font sans soin,
et que les maîtres ne corrigent pas ou corrigent mal). J'ajouterai maintenant que le maître, dès le cours moyen, mais surtout
dans le cours supérieur, doit organiser les lectures individuelles.
« Outre le livre qu'on expliquera dans les classes, disait Arnauld
dans son *Règlement d'études*, on doit donner aussi un livre aux
écoliers à lire en leur particulier, et l'on doit les obliger, autant
que l'on pourra, d'y employer tous les jours une heure de leur
étude particulière. Afin de les appliquer davantage, il faut qu'il
y ait un jour de la semaine destiné à faire la revue de ces livres
particuliers. L'élève fait le compte rendu; le maître apprécie.
Chacun écoute et prend le désir de lire le livre. » Cette pratique,
recommandée pour l'enseignement secondaire, ne me paraîtrait
pas moins utile dans l'enseignement primaire. Que les élèves
aient contracté cette habitude dès l'école, je suis rassuré, ils ne
manqueront pas de continuer de lire, quand ils en seront sortis.

2° De la récitation.

I

DE LA RÉCITATION. —— SERVICES QU'ELLE PEUT RENDRE.

A la lecture je rattache la récitation des morceaux appris par
cœur, en prose et en vers, qui n'en est qu'un mode. Réciter,
n'est-ce pas faire une lecture qu'on a tout particulièrement préparée et qu'on possède bien? J'ai dit: « en prose et en vers ».
Si la langue de la prose est plus naturelle, les vers, à cause de
la mesure et de la rime, se retiennent mieux. Je vous conseillerais
donc d'alterner, tout en faisant la part plus large aux morceaux
en vers.

Pratiqué depuis longtemps dans l'enseignement secondaire, l'exercice de la récitation est nouveau dans nos écoles primaires ; et quoique les programmes de 1882 l'aient rendu obligatoire, il s'en faut qu'il ait encore partout la place qu'il mérite. C'est un tort, car il peut rendre de précieux services.

D'abord la récitation aide la lecture. N'est-il pas vrai que si les élèves ont pris, en récitant, l'habitude d'un ton naturel et d'inflexions justes, ils la conservent en lisant? Et comment n'en serait-il pas ainsi? C'est la même chose après tout, avec cette seule différence que lorsqu'ils récitent un morceau qu'ils savent bien, ils n'ont à se préoccuper que de le bien dire, tandis que la lecture leur présente en outre un texte à déchiffrer. Mais on conviendra que l'une doit conduire à l'autre.

La pratique de la récitation exerce et développe la mémoire. Les enfants ont toujours une certaine mémoire ; et si l'on a pu dire que toutes les facultés se développent par l'exercice, ceci est surtout vrai de la mémoire. Aussi tel élève, qui d'abord ne pouvait qu'à grand'peine retenir deux ou trois vers, arrive-t-il vite par une pratique journalière à en retenir dix ou douze. Or, une bonne mémoire est indispensable pour réussir dans une étude quelconque : il ne suffit pas de comprendre, il faut ensuite retenir.

Mais l'avantage le plus considérable que procureront à l'élève ces morceaux appris par cœur, c'est qu'ils lui fourniront des matériaux pour ses futures compositions. On reconnaît généralement que la partie faible, dans nos exercices scolaires, c'est la composition française, le petit devoir de *style*, comme on voudra l'appeler. A quoi cela tient-il? A bien des causes sans doute ; mais à celle-ci principalement, que le vocabulaire fait défaut aux élèves. Eh bien! ils trouveront dans ces morceaux des mots qu'ils n'entendent jamais dans leurs familles et qu'ils ont pourtant besoin de connaître, des tours de phrase plus délicats et plus relevés que ceux de leurs conversations ordinaires. Ils feront ainsi, sans ennui et comme à leur insu, une provision de mots et par suite d'idées dont ils pourront faire usage plus tard.

Dirai-je encore que les explications du maître relatives à l'orthographe ou à la grammaire se graveront mieux dans le souvenir des élèves, si elles se rattachent à un texte appris par cœur, que si elles viennent à propos d'une phrase quelconque, parce qu'alors la mémoire des mots vient en aide à celle de l'esprit?

Enfin je pourrais ajouter que, dans les classes où un seul

maître est chargé de plusieurs cours, la récitation aux cercles,
sous la direction de moniteurs, est un moyen commode d'occuper
utilement les plus jeunes enfants et d'obtenir qu'ils se tiennent
tranquilles, pendant que le maître se doit aux divisions supérieures.

II

DU CHOIX DES MORCEAUX.

Oui, c'est un excellent exercice, à la condition toutefois que
ces morceaux soient bien choisis. C'est ici, leur titre même l'indique, que le maître doit faire preuve de discernement. Il va de
soi que d'abord ils doivent être irréprochables comme fond et
purs comme forme. « Il ne faut jamais permettre que les enfants
apprennent rien qui ne soit excellent, dit Nicole. Il faut choisir :
il y a dans les livres des parties qui ne sont qu'à lire, d'autres qui
sont à apprendre. Cet avis est de plus grande importance qu'on
ne croit, car les choses qu'on apprend par cœur s'impriment davantage dans la mémoire et sont comme des moules et des formes que
les pensées prennent ensuite lorsqu'on les veut exprimer ; de sorte
que, si l'on n'en a que de bons et d'excellents, il faut, comme par
nécessité, qu'on s'exprime d'une manière noble et élevée. »
Il faut ensuite qu'ils soient appropriés à la force et à l'intelligence des élèves. Le but qu'on se propose est d'affiner un peu
leur esprit, de leur fournir des idées et surtout des expressions,
des tours autres que ceux qu'ils entendent et qu'ils emploient
tous les jours dans les conversations de la vie ordinaire. Ils auront
donc une certaine distinction. Mais ici, prenons garde ! Sous
prétexte de cultiver leur sensibilité, n'allons pas tomber dans
la sensiblerie ; pour exciter leur patriotisme, ne glissons pas dans
le chauvinisme ; pour leur donner des modèles de force et d'énergie, n'allons pas jusqu'à l'enflure et l'emphase. Le goût est affaire délicate. Les fables de La Fontaine vous offriront sous ce rapport une ressource précieuse : vous pouvez y puiser sans crainte ;
au moins là tout est sain et de bonne facture. Et puis, elles ont
ce particulier avantage d'avoir des enseignements pour tous les
âges : ce que vos enfants ne comprendront pas aujourd'hui, ils
le comprendront plus tard.
Les morceaux à apprendre varieront donc suivant les différents
cours ; mais ils varieront aussi suivant les milieux et la diversité

des besoins. Il en est qui conviennent partout; mais il en est qui
sont plus appropriés aux écoles de campagne, d'autres à celles
de ville; il en est qui sont mieux à leur place dans des écoles de
garçons et d'autres dans des écoles de filles, etc.

Aussi ne saurais-je trop engager chaque maître à se faire, après
expérience, son recueil à lui, conforme à ses goûts et approprié
aux besoins de ses élèves. Je dis « après expérience », parce que ce
n'est qu'après l'avoir fait étudier et réciter, qu'un maître sait si
un morceau convient et à qui il convient. Ce recueil serait un fonds
où il puiserait, mais qu'il ne regarderait pas comme complet;
il ne cesserait au contraire de l'enrichir, à mesure que ses lectures
personnelles lui procureraient quelque heureuse trouvaille.

III

QUAND ET COMMENT CES MORCEAUX DOIVENT-ILS ÊTRE APPRIS ET RÉCITÉS?

Dès que les enfants viennent à l'école, alors même qu'ils ne
savent pas encore lire, il faut leur faire apprendre, tous les jours
ne fût-ce que deux ou trois vers, par écho, sous la direction d'un
moniteur. On ne saurait les habituer de trop bonne heure à
retenir et à réciter textuellement quelques lignes, et on devrait le
faire sans désemparer jusqu'à la fin de leurs études.

Où et quand ces morceaux seront-ils étudiés? A l'école évidemment, pendant la classe, au tableau noir, par les tout jeunes
enfants. Mais sitôt qu'un élève sait écrire convenablement, je voudrais qu'il transcrivît lui-même, proprement, sur un cahier
spécial, les morceaux qu'il doit apprendre, après qu'ils lui auraient
été préalablement bien expliqués, et qu'il les étudiât chez lui, en
dehors de la classe. Les parents, qui ne peuvent guère s'occuper de ses devoirs, se feraient un plaisir, ou je me trompe fort,
de les lui faire réciter, et il y aurait peut-être là un moyen de
propager le goût des choses de l'esprit dans les intérieurs les
plus modestes. Je voudrais encore que ce cahier spécial, ce recueil
de morceaux choisis, fût précieusement gardé par l'élève et qu'il
l'emportât en quittant l'école, pour en faire comme le premier
livre de sa bibliothèque. Il aurait certainement du plaisir à le
relire plus tard, et, devenu père de famille à son tour, à en
réciter à ses enfants les morceaux qui lui auraient plu tout particulièrement.

La récitation, naturellement, se fait en classe et elle est collective, avec les tout jeunes enfants; ce qui n'empêche pas, comme pour la lecture, que quelques élèves, à tour de rôle, ne soient invités à réciter seuls, en tout ou en partie, le morceau qui vient d'être récité par toute la classe. Mais je ne verrais pas d'inconvénient à ce que cette pratique se continuât dans le cours moyen et même dans le cours supérieur. Cette récitation collective, en effet, a le grand avantage de tenir tous les élèves occupés et de les rompre à une intonation convenable. Il faut traiter un peu la récitation comme un chant. Est-ce que les acteurs, qui jouent le même rôle un grand nombre de fois, ne reproduisent pas toujours les mêmes inflexions aux mêmes endroits? Quand le maître a trouvé le ton convenable pour un passage, il n'est pas mal que les élèves reproduisent toujours ce même passage avec le même ton.

<h2 style="text-align:center">IV</h2>

COMMENT ON PEUT EMPÊCHER QUE LES ÉLÈVES N'OUBLIENT LES MORCEAUX UNE FOIS APPRIS.

La difficulté n'est pas seulement de faire entrer des idées et des mots dans l'esprit des élèves, c'est de les y fixer. On apprend trop peu dans nos écoles, et encore le peu qu'on apprend se perd-il à mesure qu'on avance. Un morceau chasse l'autre; ils ne font que passer dans la mémoire sans y laisser de traces. Comment les y faire rester? Je ne connais qu'un moyen; mais il est efficace. Ce sont les récapitulations, hebdomadaires d'abord, puis mensuelles, puis trimestrielles, puis annuelles. Je vous garantis qu'un morceau qui a été bien compris et qui est bien su, qui est intéressant d'ailleurs, ne s'oubliera plus, pour peu qu'il soit récité de loin en loin. Et cette récitation n'exigera pas beaucoup de temps : un quart d'heure chaque semaine y suffirait. J'en parle après expérience; et j'ai pu constater que le retour de cet exercice collectif, mais vivant, animé, était même attendu par les élèves avec une sorte d'impatience.

Si vous obtenez que vos élèves n'oublient rien de ce qu'ils ont une fois appris, je vous demanderai maintenant la permission de vous soumettre un petit calcul. Je suppose qu'ils apprennent chaque jour, en moyenne, cinq vers ou cinq lignes de prose seulement; ils en sauront 25 au bout de la semaine, 100 à la fin du mois, 1,000 à la fin de l'année. Et comme le temps de la scolarité dure au moins six ans, ce sont 6,000 vers ou lignes de prose, en définitive, qu'un élève pourrait être à même de réciter en quittant l'école. Or, savez-vous que 6,000 lignes, c'est tout un dictionnaire, c'est un volume de plus de 200 pages, c'est la langue tout entière, au moins avec ses mots et ses tours les plus usuels? Je vois un candidat au certificat d'études primaires, à qui l'on demande s'il ne pourrait pas réciter quelque chose par cœur, présentant fièrement à son examinateur son recueil de deux ou trois cents pages, et lui disant qu'on peut l'interroger sur tout ce qui est contenu dans ce recueil, qu'il est à même non seulement de l'expliquer, mais de le réciter. Je ne me figure pas une commission refusant un aspirant si bien préparé. Peut-être cette réflexion vous amènera-t-elle à conclure que l'étude de la langue française ne consiste pas seulement dans l'étude de la grammaire et dans des exercices écrits, et que les langues s'apprennent surtout par la pratique et par l'usage; qu'en somme, le moyen le plus sûr, comme le plus expéditif, de savoir du français, c'est d'*apprendre du français*. C'est une idée sur laquelle je reviendrai dans la prochaine conférence.

SUJETS PROPOSÉS POUR ÊTRE TRAITÉS PAR ÉCRIT.

1° Que faut-il penser de l'opinion de Rousseau qui ne veut pas qu'on se presse d'apprendre à lire aux enfants et de leur mettre des livres entre les mains?

2° Quelles sont les qualités que doit posséder un bon livre de lecture?

3° En quoi consiste, pour le maître, la préparation d'une leçon de lecture?

4° Quels sont les devoirs écrits auxquels peut donner lieu une leçon de lecture?

5° Comment un instituteur peut-il faire contracter à ses élèves le goût des lectures individuelles?

6° Des morceaux appris par cœur. Avantages que peut présenter cet exercice au point de vue de la composition française.

7° Quelles sont les qualités principales que doivent réunir les morceaux destinés à être appris par cœur?

8° Rousseau n'est point d'avis qu'on fasse apprendre des fables aux enfants, notamment celles de la Fontaine. Discutez son opinion.

2e Conférence : La Dictée et l'Exercice
de composition française.

L'étude de la langue française ne se fait pas seulement, dans nos écoles, par des exercices oraux ; elle se fait aussi, et peut-être même trop, par des exercices écrits.

Ceux-ci ont trait soit à l'orthographe, c'est-à-dire à la manière dont les mots s'écrivent, soit à [la composition française, c'est-à-dire à la manière dont les mots s'unissent et s'arrangent pour exprimer nos idées. C'est la dictée qui est essentiellement le devoir d'orthographe. Parlons-en tout d'abord.

1° De la dictée.

I

IMPORTANCE EXAGÉRÉE DONNÉE À LA DICTÉE DANS NOS EXERCICES SCOLAIRES.

Sitôt qu'un enfant sait écrire, on lui fait faire des dictées ; il en fait une tous les jours, tant qu'il fréquente l'école ; parfois même, à l'approche des examens, il en fait plusieurs par jour. C'est qu'aussi l'épreuve de la dictée est la pierre de touche du savoir des candidats dans tous nos examens scolaires. Pour obtenir son certificat d'études, l'élève doit avant tout faire une bonne dictée. L'épreuve de la dictée n'était-elle pas, naguère encore, éliminatoire à l'examen du brevet de capacité ? On s'explique que maîtres et maîtresses lui accordent tant d'importance. Et puis, l'exercice est si commode ! On prend un livre, quelquefois le premier venu ; on en dicte une page ; on fait épeler et l'on corrige ; les élèves sont occupés ; la discipline est facile ; point de fatigue pour le maître.

On pourrait se demander s'il n'y aurait pas d'autres exercices plus efficaces pour faire acquérir aux enfants la connaissance de la langue française et même celle de l'orthographe. On ne remarque peut-être pas assez que la dictée est surtout une *vérification*. Parfaitement à sa place dans un examen, où il s'agit de constater ce que les candidats savent en orthographe, elle convient certainement moins comme exercice préparatoire à cet examen. Qu'on fasse faire de temps en temps une dictée aux élèves pour voir où ils en sont et pour les aguerrir, rien de mieux ; mais qu'ils soient chaque jour soumis à cette vérification pendant six ans, même quand ils sont arrivés à faire des dictées sans faute, ou à peu près, il y a certainement abus.

Quoi qu'il en soit, la dictée est une tradition ; avant d'essayer de la détrôner, il faudrait être sûr que les exercices qui la remplaceront vaudront mieux ; et puis, on romprait difficilement avec une habitude déjà presque séculaire. Donc la dictée restera long-temps encore l'exercice fondamental de l'enseignement du français dans nos écoles primaires. Mais alors au moins faudrait-il qu'il fût bien conduit et qu'il servît le mieux possible à son objet.

II

DE LA DICTÉE AU POINT DE VUE DE L'ÉTUDE DE L'ORTHOGRAPHE.

Je remarque d'abord que l'orthographe est usuelle ou grammaticale. La première est aussi importante que la seconde, et, comme celle-ci, elle devrait s'enseigner tout d'abord et méthodiquement : elle est en effet à la portée des plus jeunes enfants, puisqu'elle n'exige qu'un peu d'attention, et ceux-ci peuvent en commencer l'étude dès qu'ils apprennent à lire ; elle s'allie même très bien avec la lecture au tableau, dont elle interrompt la monotonie. Quand le morceau qui fait l'objet de la leçon de lecture a été lu une première fois, retournez le tableau et faites épeler de mémoire les mots principaux de la leçon : vos élèves s'habitueront vite à retenir les différentes lettres dont ceux-ci sont composés. A une seconde lecture, ils s'appliqueront à en bien saisir la succession ; leur attention se fixera ; la mémoire des formes perçues par les yeux se joindra à la mémoire des sons entendus par les oreilles, et le concours des deux sens gravera plus profondément chaque lettre dans leur esprit. Après la lecture, faites reproduire sur l'ardoise ou sur un cahier les mots qui auront été épelés, et vos élèves apprendront ainsi, presque sans s'en douter, l'orthographe usuelle d'un grand nombre de mots. — Ce que je dis de l'orthographe d'usage, je le dirai avec non moins de raison de l'orthographe grammaticale : vos élèves doivent

en commencer l'étude en même temps qu'ils apprennent à lire.
Ils peuvent, en effet, dès les premières leçons de lecture, apprendre par la pratique les règles générales de la formation du
pluriel dans les noms, du féminin et du pluriel dans les adjectifs, etc. — Ces exercices devraient même, en s'adaptant à la force
progressive des élèves, être continués pendant tout le cours des
études : une leçon de lecture ne devrait jamais se terminer sans
que leur attention fût appelée sur certains mots dont l'orthographe est particulièrement difficile ou irrégulière, sur une règle
de grammaire dont l'application se trouve dans le morceau
qui vient d'être lu.

A ces exercices oraux viendront se joindre, dès le cours élémentaire, les exercices écrits, la dictée proprement dite. Quel
sera l'objet de cette dictée? Sera-t-elle un morceau préparé à
dessein, arrangé tout exprès pour amener des difficultés orthographiques? Je n'en suis guère partisan. Je crains toujours que
ces morceaux ne soient mal écrits, que cette préoccupation des
difficultés orthographiques n'enlève à la dictée son principal
mérite, qui est d'intéresser et d'instruire, de faire penser et réfléchir, de développer le jugement et même le goût ; ce qui vaut
mieux encore que la connaissance de l'orthographe. Le morceau
qui fait l'objet de la dictée doit avant tout avoir sa valeur propre.
Cependant, me direz-vous, il faut bien prévoir les fautes dans
lesquelles les élèves ont l'habitude de tomber. — Sans doute; mais
il y a peut-être un autre moyen. Je ne voudrais pas vous con-
seiller de donner des dictées exclusivement composées de mots
isolés, dont l'unique intérêt consisterait dans la bizarrerie ou les
irrégularités de leur orthographe; mais je ne verrais aucun inconvénient à ce que la dictée, toutes les fois qu'elle ne renferme
pas des difficultés suffisantes, fût suivie de quelques mots spécialement choisis, sur l'orthographe desquels vous appelleriez
leur attention. Ces mots vous les recueilleriez vous-mêmes parmi
ceux que vos élèves ont l'habitude de mal écrire; mais vous pourriez également les prendre dans des recueils faits *ad hoc* (les
exercices de Taiclet, de Pautex, etc.). Je suppose que chaque
dictée soit ainsi suivie de 5 mots (je n'en voudrais pas davantage) et que vous fassiez trois dictées par semaine : ce seraient
15 mots dont les élèves auraient appris l'orthographe, à la fin de
la semaine, soit 60 au bout du mois, et 600 à la fin de l'année.
Apprendre à vos élèves comment s'écrivent 600 mots usuels et

reconnus d'une orthographe difficile, ce serait un résultat. — J'en dirai autant des règles de la grammaire. Au lieu de dénaturer un texte pour y introduire l'application de la règle qui vient d'être apprise, pourquoi ne dicteriez-vous pas à vos élèves un exemple sur cette même règle, que vous prendriez dans une grammaire autre que celle que vos élèves ont entre les mains, et où ils en trouveraient l'application. Je fais encore le même raisonnement : 3 règles par semaine donneraient 12 règles à la fin du mois et 120 règles à la fin de l'année. Or, je doute qu'il y ait dans toute la grammaire 120 règles réellement importantes pour les enfants de nos écoles primaires. Si ces 120 exemples, ainsi que vos 600 mots étaient bien choisis, et si vous aviez soin de les faire repasser de temps à autre dans des récapitulations, vous auriez là un enseignement de l'orthographe régulier, suivi, méthodique, qui serait sans doute une préparation plus directe et plus efficace à la dictée du certificat d'études que ces dictées multipliées et prises un peu au hasard, qu'on donne parce qu'elles ont été une fois données dans un examen.

<h2 style="text-align:center">III</h2>

DU CHOIX DE LA DICTÉE.

Affranchis de ce souci des difficultés orthographiques, vous retrouveriez toute liberté dans le choix de vos dictées, et vous pourriez vous conformer aux prescriptions d'une circulaire ministérielle du 20 août 1857 où je trouve ceci : « Les dictées graduées avec discernement, analysées au point de vue des idées, du sens des mots, de l'orthographe, dictées ayant pour objet un trait d'histoire, une invention utile, une lettre de famille, un mémoire, le compte rendu d'une affaire, tel doit être, dans l'école primaire, le fondement de l'enseignement de la langue. »

C'est ici surtout, en effet, que vous devez vous préoccuper de toujours « joindre ensemble deux utilités ». La dictée, tout en ayant pour objet d'apprendre aux élèves comment les mots s'écrivent, doit en outre renfermer une instruction, être comme la confirmation ou le complément de vos autres enseignements. Dès lors vous ne pouvez point la prendre au hasard dans un recueil, même bien fait ; il ne suffit pas non plus qu'elle vous soit apportée, cette semaine-là, par un journal scolaire. Et pourquoi ? C'est que l'auteur de ce recueil, c'est que celui qui a choisi cette dictée pour le journal ne peuvent pas savoir à quel point précis vous en êtes de votre programme, ni quels sont les besoins particuliers de vos élèves. Je ne vois pas quel profit ceux-ci peuvent retirer d'une dictée sur les mœurs de la Bétique, par exemple (la dictée classique par excellence, car je la retrouve partout); mais j'approuve fort un portrait de Mirabeau donné en dictée le lendemain d'une leçon d'histoire sur la Constituante, ou un extrait de *la Bouchée de pain* de Jean Macé sur la circulation du sang, à la suite d'une leçon sur le même objet. Donc puisez dans les recueils, puisez dans les journaux, mais faites vous-mêmes votre cours de dictées. Chaque fois que dans vos lectures vous trouvez un paragraphe renfermant une idée juste, utile, intéressante, exprimée en bon style, n'hésitez pas à vous l'approprier pour augmenter et rajeunir votre provision. Arrêtez même, dès le commencement de l'année, le nombre de dictées qui auront trait à l'histoire, à la géographie, aux sciences, à la morale, à l'hygiène, etc; c'est le moyen de ne rien omettre, de ne pas marcher à l'aventure et d'obtenir des résultats certains.

IV

DE LA DICTÉE PRISE DANS LE LIVRE DE LECTURE.

Une pratique peu répandue et qui me paraîtrait excellente, ce serait, sinon toujours, au moins quelquefois, de donner en dictée le morceau qui a fait l'objet de la leçon de lecture. D'abord elle est commode pour le maître qui est seul et qui doit diriger deux cours. Ce morceau, étant connu, n'a plus besoin d'être expliqué, et un élève peut remplacer le maître pour en faire la dictée à ses camarades.

Mais le procédé ne peut qu'être bon dans tous les cas, parce que l'orthographe s'apprend surtout par les yeux. Je sais un département où la leçon de lecture est suivie tous les jours d'une petite dictée qui en est tirée, et où l'on s'en trouve bien. Cela s'explique : les élèves, pendant la lecture, ne se préoccupent pas seulement de lire et de comprendre ce qu'ils lisent; ils remarquent aussi comment les mots s'écrivent, quelles lettres les composent, et ils tâchent de ne pas l'oublier. C'est une habitude qu'ils contractent et qu'ils gardent ensuite dans toutes leurs lectures. — Je connais

un instituteur, chargé de la petite classe primaire dans un lycée,
qui indique chaque soir à ses élèves le chapitre de leur livre de
lecture dans lequel sera prise la dictée du lendemain, afin qu'ils
la préparent; et l'on entend des mamans, qui amènent elles-
mêmes leurs enfants en classe, leur rappeler, en les conduisant,
l'orthographe des mots les plus difficiles, leur recommander de
ne pas oublier qu'*apercevoir*, par exemple, ne prend qu'un *p*,
tandis qu'*appartenir* en prend deux, et autres semblables. —
Enfin, un dernier avantage que présente cette manière de faire,
c'est qu'elle excite parmi les élèves une grande émulation. Chaque
dictée corrigée, le maître rend les places, et il se peut qu'un élève
faible soit le premier; il suffit pour cela qu'il ait préparé sa
dictée avec soin.

V

MANIÈRE DE FAIRE LA DICTÉE.

1° Le maître ne manquera pas de lire d'abord le morceau
qui en fait l'objet. Dernièrement, j'assistais à une classe où l'on
donna une dictée qui avait pour titre : *Larmes de Charlemagne*.
Il s'agissait de Charlemagne pleurant à la vue des barques nor-
mandes qui, lui encore vivant, osaient se montrer sur les côtes
de la Gaule. Le maître n'avait pas lu le morceau avant de le
dicter, et je remarquai que la plupart des élèves avaient écrit:
L'arme de Charlemagne. — La dictée lue, j'aimerais que le maître en
fît chercher le titre aux élèves : il y a là un exercice intéressant
et bien propre à exercer leur jugement. — Je voudrais encore que
le maître donnât toujours le nom de l'auteur d'où elle est tirée,
avec la date de l'époque à laquelle il a vécu, un mot de sa biographie et l'indication de ses principaux ouvrages, mais tout cela
très sommairement, sans faire d'histoire littéraire; il familiari-
serait ainsi ses élèves avec les grands noms de notre littérature,
et il leur inspirerait peut-être le désir de lire plus tard les ouvrages
qu'il leur aurait signalés.

2° J'aimerais, quoique cela ne se fasse guère, que la dictée
fût toujours préparée oralement, au moins dans le cours élémentaire, mais aussi dans les autres cours, pour les mots les plus
difficiles. Un élève se trouve en face d'un mot qu'il ne connaît
pas; comment va-t-il l'écrire? S'il n'y fait pas de faute, ce sera

pur hasard, et il n'est pas prouvé qu'il retienne comment il faut l'écrire. Ne vaudrait-il pas mieux que son attention eût été d'abord appelée sur ce mot, que le maître en eût fait chercher l'étymologie, et qu'en le rapprochant d'autres mots de la même famille plus connus, il eût fait découvrir aux élèves eux-mêmes comment il s'écrit, et, s'il y a lieu, les raisons qu'il y a de l'écrire ainsi?

3° Le maître alors dicte lentement; ce qui ne veut pas dire qu'il traîne sur les mots, mais qu'il n'en dit que quelques uns à la fois et qu'il les répète ensuite l'un après l'autre en les détachant. Pour être sûr de ne pas aller trop vite, sans pourtant perdre de temps, il peut faire répéter par un élève chaque mot, en même temps que celui-ci en écrit la dernière lettre.

4° *Correction.* Le maître fait d'abord épeler tous les mots; mais, à mesure que les élèves sont plus forts, il peut limiter cette épellation aux mots sur lesquels ils sont encore exposés à faire des fautes. Il joint à cette épellation toutes les explications qu'il croit utiles, sur l'orthographe usuelle ou grammaticale et sur le sens des mots que les élèves pourraient n'avoir pas bien compris. Comme dans la leçon de lecture, il doit borner ses explications au nécessaire.

5° *Ponctuation.* Dictera-t-il la ponctuation? Oui, dans le cours élémentaire. Mais peut-être pourrait-il, dès le cours moyen, se borner à dicter les points. Enfin, dans le cours supérieur, il ne laisserait pressentir les signes de ponctuation que par ses inflexions de voix, ses pauses plus ou moins prolongées et ses temps d'arrêt, en la lisant. Je voudrais qu'alors la correction de la dictée commençât par l'indication raisonnée de la ponctuation. Un morceau bien ponctué est un morceau bien compris.

6° La correction terminée, il fait ressortir les idées pratiques ou morales que renferme le morceau; et, si la dictée s'y prête, il y montre la suite et l'enchaînement des idées; il tâche de faire saisir l'art que l'auteur a mis dans sa composition, de montrer comment il a pris les meilleurs moyens pour exprimer clairement ce qu'il voulait dire. Ces réflexions seront une excellente préparation au devoir de style, qui est le but final vers lequel doivent tendre toutes les leçons de français.

Tout cela est-il possible? Oui, à condition que la dictée ne soit pas trop longue, qu'elle ait été choisie et préparée avant la classe; à condition aussi que le maître ne divague pas et ne dise que ce qu'il doit dire.

VI

APRÈS LA DICTÉE.

Comme après la leçon de lecture, il serait bon que les élèves eussent à reproduire par écrit les explications données sur le sens de certains mots, les appréciations et les commentaires auxquels la correction aurait donné lieu : c'est le seul moyen de faire que les choses qui leur ont été dites se gravent dans leur mémoire et y restent.

Je voudrais plus encore. Je voudrais que les élèves eussent, sinon toujours, au moins souvent, à apprendre le soir, pour le réciter le lendemain matin après l'entrée en classe, le texte même de la dictée. Et non seulement ils auraient à réciter le texte, mais ils devraient encore reproduire les principales explications données par le maître au moment de la correction et sur le sens des mots, et sur leur orthographe, ainsi que les principales règles de la grammaire qui auraient été rappelées. Je pose en fait qu'un élève qui a fait une dictée et qui en a écouté attentivement la correction, la sait à peu près par cœur. Un petit effort de mémoire encore et il serait capable de la réciter. Affaire d'habitude, je le répète après expérience. Il va de soi qu'il ne serait pas nécessaire de faire réciter cette dictée, chaque fois, à tous les élèves; il suffirait de la faire réciter, en tout ou en partie, à quelques élèves seulement. Il serait bon enfin qu'il y eût, à des époques marquées, des revisions générales, des récapitulations suivies d'une sanction (récompense ou punition). Ainsi les élèves apprendraient réellement du français, plus qu'ils ne le font avec tous les exercices préparés des grammaires, et cela sans ennui, d'une manière intelligente et avec un réel profit pour leur esprit.

2° De la Composition française.

I

IMPORTANCE DE LA COMPOSITION FRANÇAISE.

L'exercice de la composition française est un exercice spécial, qui doit avoir sa place marquée dans l'emploi du temps. Mais il présente ceci de particulier, qu'il se mêle à tous les autres et les complète. Morale, histoire, géographie, sciences elles-mêmes, tout aboutit à la composition française, en ce sens que l'élève ne doit pas seulement savoir sur chaque matière ce qu'on lui a enseigné, mais qu'il doit pouvoir le reproduire oralement et par écrit. Il n'en est pas de plus important, par conséquent; et cependant c'est celui qui est le plus négligé. C'est lui qui est toujours sacrifié, si un empêchement quelconque vient interrompre la série régulière des exercices. On le sacrifie notamment à la dictée, quoique l'enfant, une fois sorti de l'école, ne doive plus avoir jamais l'occasion de faire une dictée, tandis qu'il aura sans cesse besoin d'exprimer ce qu'il pense, de vive voix et par écrit.

II

IL FAUT QUE L'ENFANT SACHE BIEN PARLER POUR SAVOIR BIEN ÉCRIRE.

Une erreur trop commune, c'est de croire que l'élève apprend surtout sa langue en écrivant. Il suffit d'un instant de réflexion pourtant pour reconnaître qu'une phrase écrite n'est autre chose que la transcription d'une phrase exprimée oralement ou construite auparavant dans l'esprit; qu'elles ont nécessairement les mêmes qualités et les mêmes défauts; que l'enfant ne saura bien écrire que s'il a d'abord appris à bien parler, et que c'est à tort que pour cet exercice, comme pour tant d'autres, du reste, on fait prédominer le devoir écrit sur la pratique orale. Les enfants élevés dans un milieu où l'on ne parle que purement et correctement s'expriment tout naturellement avec pureté et correction. C'est donc à bien parler qu'il faut d'abord former les enfants : d'où résulte cette conséquence, que le devoir oral doit primer le devoir écrit et le précéder.

III

L'ENFANT DOIT ÊTRE PRÉPARÉ À LA COMPOSITION
DÈS SON ENTRÉE À L'ÉCOLE.

Naguère encore, on se figurait qu'on ne pouvait exercer à la composition française que des élèves déjà avancés. «Pour qu'ils puissent exprimer des idées, disait-on, il faut d'abord qu'ils en aient; avant tout, il faut donc leur en donner.»

Ceci est peut-être vrai pour l'enseignement secondaire, où la composition française a toujours des visées quelque peu littéraires; mais ne l'est pas pour l'enseignement primaire, où la composition française roule sur des choses de la vie usuelle. Dès que l'enfant met le pied à l'école, il a des idées, et il en acquiert de nouvelles tous les jours. Le maître doit tâcher d'obtenir qu'il les exprime bien, et dès ce moment il le prépare à l'exercice de la composition française. Il lui suffit pour cela de ne le laisser jamais répondre par oui ou par non, et de le forcer à exprimer sa pensée dans une phrase complète, de ne laisser passer aucune incorrection sans la relever, de rectifier toutes les constructions fautives, en un mot, de ne souffrir dans sa classe qu'un langage correct et pur. Les élèves se trouveront tout naturellement préparés à bien écrire.

IV

DES EXERCICES DE COMPOSITION DANS LES TROIS COURS.

Mais, dès le cours élémentaire, le devoir écrit doit venir se joindre à l'exercice oral. Les maîtres y répugnent généralement, à cause de la difficulté, disent-ils, de trouver des sujets appropriés à un si jeune âge. Veuillez me permettre de vous donner à ce sujet quelques conseils.

Cours élémentaire.

1° Le maître peut dicter, ou mieux encore, écrire sur le tableau noir, soit à la suite d'une leçon de lecture ou d'une leçon de choses, soit comme exercice spécial, une série de questions auxquelles les élèves sont invités à répondre en s'aidant de ce qu'ils viennent de lire ou d'entendre, ainsi que des mots de la question elle-même. Si ces questions se rapportent à un objet unique et si elles ont été bien disposées, les réponses mises bout à bout et reliées entre elles par quelques conjonctions formeront un tout qui sera déjà une petite composition française.

2° Il peut proposer quelques mots usuels et inviter les élèves à faire sur chacun d'eux une petite phrase. Je prends le mot «géographie», et je suppose qu'un élève a fait cette phrase : «Jules étudie sa géographie.» Je lui demanderai successivement quel élève est Jules relativement à ses camarades; si c'est un élève studieux; comment il étudie sa géographie et dans quel but, etc.; et je l'amènerai à compléter ainsi sa phrase : «pendant que ses camarades jouent, Jules, qui est un élève laborieux, étudie attentivement sa géographie, pour avoir demain une bonne place en composition.» L'élève qui a su construire cette phrase et d'autres analogues pourra désormais écrire et exprimer ce qu'il pense.

3° Il peut encore, à l'aide du même procédé, mais employé inversement, prendre dans un livre de lecture quelconque une historiette intéressante, en supprimer les adjectifs, les propositions incidentes, les circonstances de temps, de lieu, etc., et dicter le canevas ainsi réduit en y marquant les lacunes. Les élèves sont invités à les combler en retrouvant ce qui a été supprimé ou quelque chose d'analogue.

4° Enfin, un exercice qui intéresse vivement les enfants, c'est la rédaction sur images. Mais il faut ici qu'ils aient entre les mains un livre spécialement préparé pour cet usage. Tantôt une image est donnée et ils sont invités à dire tout ce qu'ils y voient, à émettre toutes les réflexions que leur inspire le tableau ou la scène qu'ils ont sous les yeux. D'autres fois, c'est une série d'images se rapportant à une même idée, qui se développe en action. Ainsi : «Paul est paresseux, il a de la peine à se lever le matin; Paul court pour se rendre à l'école et il arrive en retard; invité à réciter sa leçon, il balbutie; il est retenu après la classe pour apprendre la leçon qu'il n'a pas sue.» C'est quelque chose pour un enfant d'apprendre à suivre ainsi le développement d'une idée et à saisir les rapports que les faits ont entre eux!

La matière est abondante, on le voit, et un maître un peu curieux ne sera jamais embarrassé pour trouver des sujets de rédaction appropriés, même à ses élèves du cours élémentaire.

Cours moyen et supérieur.

Ici, plus d'embarras; vous avez les anecdotes, les traits d'histoire, les lettres, qui se prêtent à tout, les descriptions, les portraits, la discussion des proverbes, etc. Il serait intéressant de rechercher quelle doit être la manière de procéder dans chaque genre; mais il nous faudrait pour cela une conférence toute spéciale. Je me bornerai, en ce qui concerne le choix des sujets, à une petite recommandation. Il en est qu'il faut éviter : ceux d'abord qui ne sont pas naturels; il ne faut donner à exprimer à des enfants que des idées et des sentiments qui soient en rapport avec leur âge; — ceux ensuite qui sont lugubres ou simplement tristes; il ne faut point demander à un enfant de raconter la mort, même imaginaire, d'une personne qui lui est chère; — ceux enfin qui ont pour objet de faire donner des conseils, d'adresser des reproches ou des blâmes; un enfant qui dogmatise, qui moralise un de ses camarades, est toujours quelque peu ridicule et pédant.

<h1 style="text-align:center">V</h1>

PRÉPARATION ORALE DU SUJET.

Mais, quel que soit le devoir, ce qui importe, c'est qu'il ait été d'abord l'objet d'une préparation orale. Un sujet est indiqué, et tous les élèves sont appelés à dire comment il peut être traité, à apporter leur petit contingent d'idées. Le maître fait connaître pourquoi, parmi les idées qui lui sont proposées, il admet les unes et rejette les autres. Un élève est au tableau, qui note par un mot toutes celles qu'on retient. Quand les élèves ne trouvent rien ou ne trouvent pas ce qui convient, le maître les met sur la voie par ses questions. Les matériaux réunis, il faut construire; la provision d'idées faite, il faut arrêter un plan. Ici encore l'on recherche en commun quelle est l'idée par laquelle on débutera, celle par laquelle on finira, dans quel ordre toutes les autres doivent être disposées, en vue du but qu'on se propose; c'est-à-dire qu'on fait une matière comprenant un certain nombre de points. C'est le canevas sur lequel chacun s'essaiera à broder ses idées personnelles. Si les élèves ne prennent la plume qu'échauffés par cette méditation préalable, ils ne se plaindront pas que le sujet soit stérile et ils écriront d'abondance.

VI

DE LA CORRECTION.

Si l'on a procédé comme je viens de l'indiquer, tous les élèves ayant travaillé sur le même plan, ayant fait le même nombre de paragraphes et développé dans chacun d'eux la même idée générale, le maître pourra faire une correction commune, servant à toute la classe. Ce qu'il louera ou blâmera dans le devoir d'un bon élève pourra servir d'avertissement à tous. J'ai dit « d'un bon élève ». Pour cette correction générale, en effet, le maître fera bien de prendre d'abord une bonne copie, un devoir présentant une certaine résistance, et cela, dans l'intérêt de la classe elle-même.

A cette correction générale faite oralement en classe et qui ne peut porter que sur un nombre très restreint de devoirs, se joindra la correction individuelle, faite également par le maître sur chaque cahier, à la plume et proprement, mais en dehors de la classe. Il soulignera tout ce qui est mal, et corrigera dans l'interligne les mots impropres, les tours incorrects ou vicieux. Il ne se contentera pas de critiquer et d'indiquer ce qu'il aurait fallu faire; il louera aussi tout ce qui sera bien trouvé et bien dit; un mot élogieux, en effet, récompense l'élève qui a fait des efforts et l'engage à en faire de nouveaux; quand il voit qu'il a réussi partiellement, il se flatte de l'espoir de réussir bientôt tout à fait, et cette pensée l'encourage. Au lieu de ces notes banales, *vu, mal, passable*, il consignera des appréciations motivées, qui affermiront l'élève, s'il fait bien; qui le stimuleront, s'il s'abandonne et se laisse aller à la paresse.

Enfin, il sera utile de lire aux élèves un devoir modèle auquel ils puissent comparer ce qu'ils ont fait eux-mêmes. On prône beaucoup les corrigés formés de phrases recueillies dans les meilleurs devoirs. Je m'en défie un peu. Il est bien difficile que ce corrigé soit autre chose qu'un habit d'arlequin, et si l'on propose un modèle aux élèves, il faut que ce modèle soit réellement à imiter. C'est donc un vrai corrigé, et un corrigé bien fait, qu'il faut leur lire, qu'on pourrait même parfois leur donner en dictée, pour leur permettre de le méditer à loisir. En tout cas, il faut bien se garder de lire d'abord un sujet traité et de le donner à rapporter par écrit : ce serait un exercice de mémoire, ce ne serait plus un exercice de style.

SUJETS PROPOSÉS POUR ÊTRE TRAITÉS PAR ÉCRIT.

Quels sont les principes qui doivent guider un instituteur dans le choix de ses dictées?

Quelles sont surtout les matières du programme auxquelles la dictée peut apporter un'utile concours, soit pour confirmer, soit pour compléter un enseignement déjà donné?

On recommande aux maîtres de guider leurs élèves dans la préparation et la composition des devoirs de style. Ne serait-il pas préférable de les laisser à leur propre initiative?

CONFÉRENCES SUR L'ENSEIGNEMENT

DE

L'ARITHMÉTIQUE ET DE LA GÉOMÉTRIE

À L'ÉCOLE PRIMAIRE,

Par M. VINTÉJOUX, Professeur au lycée Saint-Louis.

RÉSUMÉ

des conférences faites par M. Vintéjoux, professeur au lycée Saint-Louis, sur l'enseignement de l'arithmétique et de la géométrie à l'école primaire.

1re Conférence : Objet de cet enseignement.— Comment il doit être dirigé pour servir au développoment de l'intelligence des enfants.

I

L'enseignement de l'arithmétique et des premières notions de géométrie tient à juste litre une très large place à l'école primaire. Il a un double objet. Il s'agit d'abord d'apprendre aux enfants à compter, à calculer mentalement et par écrit, à effectuer les opérations usuelles sur les mesures métriques ; il s'agit de les mettre en état, quand ils quitteront l'école primaire, de dresser une facture, d'établir un mémoire d'ouvrier, de noter leurs recettes et leurs dépenses, de tenir cette petite comptabilité domestique qui est la première garantie de l'ordre et de la prospérité des affaires privées; il s'agit encore de leur apprendre à mesurer une surface rectangulaire, à faire un toisé de peinture ou de menuiserie, à cuber une maçonnerie ou un déblai, à évaluer la superficie d'un terrain ou la contenance d'un champ, à faire, en un mot, les opérations pratiques qui se présentent journellement dans le cours ordinaire de la vie.

Mais à côté de ce but purement utilitaire, cet enseignement en a un autre plus élevé. Il doit concourir au développement intellectuel des élèves; il doit être entre les mains des maîtres un excellent instrument pour la culture de ces jeunes esprits. Nous l'envisagerons exclusivement, dans cette conférence, à ce deuxième point de vue. Nous examinerons d'abord quel est son rôle dans le développement de l'intelligence des enfants, et ensuite quelle est la méthode à employer pour lui faire produire, sous ce rapport, tous les fruits qu'on en peut attendre.

L'enseignement de l'arithmétique doit d'abord donner aux enfants cette bonne habitude d'esprit qui consiste à être attentif à ce que l'on fait, et à ne répondre à une question qu'après avoir bien réfléchi. Certes, l'attention et la réflexion ne sont pas seulement nécessaires à l'étude de l'arithmétique et de la géométrie; mais elles le sont là, plus que partout ailleurs. Tout le monde sait en effet quel effort d'attention il faut pour effectuer avec exactitude le plus simple calcul. Les exercices d'arithmétique sont donc un excellent moyen de forcer les enfants à faire avec attention ce qu'ils ont à faire. Quant à la nécessité de bien réfléchir avant de parler, elle ne s'impose pas non plus uniquement à ceux qui étudient les mathématiques, mais bien à tout le monde et en toutes circonstances. On peut dire encore cependant que les sciences de raisonnement ont plus que les autres études le privilège de soumettre l'esprit à cette discipline salutaire. C'est qu'en effet, la réflexion devient ici une opération plus complexe. Réfléchir avant de répondre à une question d'arithmétique ou de géométrie, ce n'est pas seulement se remettre promptement en mémoire certains faits et les rapprocher rapidement; c'est le plus souvent faire tout un raisonnement, une véritable déduction.

Un autre bienfait de cet enseignement, c'est qu'il apprend à bien raisonner. Par les explications qu'il donne sur les questions de théorie, le maître peut initier les enfants, presque dès le début, aux procédés de la logique. Il les habitue à préciser leurs idées, à ne rien affirmer à la légère, à ne pas formuler une proposition sans en voir clairement l'exactitude ou du moins sans savoir qu'elle peut être démontrée. Par les problèmes qu'il leur fait résoudre, il leur apprend à distinguer dans une question ce qui est donné et ce qui est inconnu, à saisir avec netteté les rapports des choses, et à marcher du connu à l'inconnu par une route certaine. Ce travail ne tarde pas à produire ses fruits naturels, qui sont la netteté et la justesse de l'esprit et la rectitude du jugement.

Enfin l'enseignement des éléments des sciences exactes offre cet avantage précieux, d'exiger de la part des élèves un véritable effort intellectuel. Lorsqu'un enfant est aux prises avec une explication théorique ou avec un problème, il ne peut rien sans effort. Il ne s'git pas là seulement d'appeler la mémoire à son aide. Il ne suffit pas non plus de rester à la surface des choses, de comprendre à moitié, de laisser sa pensée flotter dans l'indécision, de se pencher avec mollesse sur un livre ou sur une feuille de papier et d'attendre quelque inspiration. Il faut attaquer la question résolument, lutter corps à corps avec la difficulté et la vaincre, sous peine de n'aboutir à rien. Il n'y a pas là de demi-résultat dont on puisse se contenter. Tout ou rien : on comprend une démonstration ou on ne la comprend pas, on résout un problème ou on ne le résout pas. L'effort est donc indispensable, et c'est par l'effort seulement que l'esprit, comme les membres, acquiert de la vigueur.

II

Tels sont les principaux résultats que l'enseignement de l'arithmétique et des éléments de géométrie peut produire à l'école primaire, s'il y est bien dirigé. Mais comment le diriger? Quelle est la méthode qu'il convient d'employer pour le rendre profitable?

Il est manifeste qu'à ce point de vue du développement intellectuel des enfants, cet enseignement serait vain et illusoire, si le maître se bornait à faire réciter un livre ou bien un cours qu'il aurait dicté. Les livres les meilleurs, employés à cet usage, ne serviraient à rien. Que les élèves aient un livre entre les mains, c'est chose utile, nécessaire même. Mais ce livre ne doit servir que comme texte pour les leçons du maître et comme résumé de ces leçons. C'est l'instituteur qui doit être le livre véritable, le livre vivant et animé. Lui seul est en état de choisir les théories qu'il peut aborder, les questions qu'il peut traiter, les explications que ses élèves pourront comprendre. Ce choix est d'ailleurs difficile et demande beaucoup de soin.

Et d'abord, il ne faut pas perdre de vue qu'à l'école primaire, il faut commencer par donner aux enfants une première initiation pratique, qui ne comporte aucun développement de théorie. Bien énoncer les règles les plus simples du calcul, exiger qu'elles soient bien sues, les faire appliquer à de nombreux exemples et à de petits problèmes bien choisis, c'est à peu près tout ce que l'on peut et tout ce que l'on doit faire dans cette première période. Toutefois il n'est pas impossible, même dans ces débuts, de présenter aux enfants quelques explications simples qui pourront déjà leur donner une certaine ouverture d'esprit. Par exemple, lorsqu'on fait apprendre aux enfants la table de Pythagore, il est très facile de leur faire comprendre comment on la construit. On peut de même, en plaçant sur une table cinq rangées parallèles de huit billes chacune, leur faire remarquer que cela fait aussi huit rangées de cinq billes, ce qui leur expliquera pourquoi le produit de huit par cinq est égal à celui de cinq par huit.

Plus tard, dans le cours moyen et surtout dans le cours supérieur, les explications théoriques deviennent à la fois possibles et nécessaires. Il faut aborder de front les théories les plus simples de l'arithmétique et quelques propositions de géométrie. Il importe alors que le maître soit en état de présenter aux enfants ces explications avec une grande clarté et une grande simplicité. Il y arrivera, s'il a lui-même longuement réfléchi à ces questions, s'il les voit de haut et sous tous leurs aspects, s'il sait les présenter de différentes manières, suivant l'intelligence et le degré d'instruction des élèves auxquels il s'adresse. Mais il faut pour cela du soin et des efforts; il faut préparer ses leçons avec méthode et suivant une bonne méthode. Dans une prochaine conférence, il sera expliqué, sur quelques exemples, comment peut être fait ce travail de préparation.

III

L'enseignement de la géométrie exige en particulier de la part du maître beaucoup d'initiative et beaucoup de discernement. Cet enseignement est réduit le plus souvent dans les écoles primaires à une simple nomenclature.

On définit les figures, on apprend aux élèves à les tracer, on leur montre des modèles en relief des solides les plus simples; quelquefois on énonce quelques propriétés saillantes du triangle, du parallélogramme ou du cercle, mais sans jamais en démontrer une seule. Ce que l'on fait ainsi, ce n'est pas tout à fait du dessin linéaire, mais ce n'est pas non plus de la géométrie. Il est vrai que dans le cours élémentaire et dans la première année du cours moyen, il n'est pas possible de faire autrement. Il y a là, comme pour l'arithmétique, une première initiation qui ne comporte pas d'explication théorique. Mais, dans la seconde partie du cours moyen et dans le cours supérieur, il semble qu'il y ait mieux à faire que de s'en tenir à cette aride nomenclature, qui est sans profit pour le développement de l'intelligence. Les élèves ont alors l'esprit déjà ouvert aux démonstrations; ils ont vu et ont dû comprendre des raisonnements difficiles, comme celui de la division ou du plus grand commun diviseur; ils ont résolu de nombreux problèmes, souvent compliqués. Il n'est donc pas impossible de leur faire comprendre quelques démonstrations de géométrie, et l'on ne voit pas pourquoi l'on bannirait le raisonnement de cette science, qui est par excellence la science du raisonnement. La difficulté est grande, toutefois, en ce qu'il devient nécessaire de distinguer les propositions dont la démonstration est accessible aux enfants, celles qu'on peut leur donner comme évidentes et celles enfin qu'on doit simplement leur énoncer, en en ajournant la démonstration. Mais ce travail doit tenter un maître intelligent et zélé, et les résultats qu'il produira le dédommageront amplement de ses efforts.

IV

Si les raisonnements de la géométrie ne sont pas à la portée de tous les enfants, on n'en peut dire autant des problèmes d'arithmétique. Cet exercice qui tient, à juste titre, une si large place à l'école et dans les examens, est un des meilleurs instruments dont disposent les instituteurs pour apprendre aux élèves à bien raisonner. Mais les problèmes doivent être préparés et corrigés avec soin et avec méthode. Les principes qui doivent guider le maître dans l'emploi de cet exercice scolaire peuvent se résumer de la manière suivante :

Les problèmes doivent être bien gradués. Rien n'est propre à déconcerter un enfant comme de le faire passer sans transition le même jour, dans le même devoir, d'un problème très simple à un problème très difficile, ou inversement. Les données doivent être choisies avec soin. C'est une excellente occasion de mettre sous les yeux des enfants un grand nombre de renseignements utiles. La statistique, l'industrie, le commerce, l'agriculture et surtout l'économie domestique doivent tour à tour fournir des données, et des données toujours exactes. Les questions doivent être, autant que possible, des questions usuelles. Il ne faut pas toutefois écarter systématiquement les problèmes qui ne présentent pas ce caractère d'utilité pratique; ce serait se priver en pure perte d'un grand nombre d'excellents exercices de calcul et de raisonnement.

Mais ce qui doit être encore plus soigné que le choix des problèmes, c'est leur correction. Se borner à donner à faire les problèmes énoncés dans un recueil, puis dire aux élèves s'ils ont ou s'ils n'ont pas *trouvé juste*, cela ne s'appelle pas corriger un devoir. Un problème doit toujours être expliqué au tableau, et la solution doit en être répétée jusqu'à ce qu'elle ait été bien comprise. S'il est susceptible d'être résolu de plusieurs manières, ces diverses solutions doivent être expliquées et comparées. Rien n'est propre à faire progresser les élèves comme de leur apprendre à débarrasser un énoncé des complications de détail qu'il peut renfermer, à réduire une question à ses termes les plus simples et à l'embrasser d'un coup d'œil.

En terminant cette exposition sommaire de la méthode à suivre dans l'enseignement de l'arithmétique et de la géométrie, il convient de signaler à l'attention des maîtres une disposition d'ordre intérieur qu'il est indispensable d'adopter. Pour les leçons d'arithmétique ou de géométrie et pour la correction d'un problème, le maître ne doit pas laisser les enfants à leur place, mais bien les réunir successivement devant le tableau noir, par petits groupes composés, autant que possible, d'élèves d'égale force. Là, il donne ses explications, en s'assurant, à mesure qu'il avance, qu'il a été bien compris. Il interroge l'un, il interroge l'autre, fait reprendre ce qu'il vient de dire, pose des questions imprévues, tient toujours l'attention éveillée et ne permet pas aux enfants de jouer un rôle purement passif. On objectera sans doute que le temps manque, que les programmes sont chargés et qu'il n'est pas possible de consacrer à quelques élèves et à un même exercice une bonne partie de la durée de la classe. Aucune considération cependant ne peut prévaloir contre l'utilité, la nécessité même qui s'impose de rendre profitable l'enseignement que l'on donne. Les programmes doivent sans doute être suivis, mais surtout dans leur esprit et non dans leur lettre même. Ils ont été faits pour diriger les maîtres et non point pour paralyser leurs mouvements. Ce qu'ils ont voulu prescrire par dessus tout, c'est de former des élèves intelligents. Or, ce qui fait les bons élèves, ce n'est pas la quantité de matières qu'on enseigne, mais la manière dont on enseigne. C'est là une vérité banale, mais une vérité que l'on méconnaît souvent, et que l'on ne saurait proclamer trop hautement aujourd'hui.

2e Conférence : De la simplification des théories élémentaires de l'arithmétique et de la géométrie.

I

Nous avons dit qu'il est généralement possible de rendre accessibles aux élèves des écoles primaires les théories élémentaires de l'arithmétique et les propositions les plus simples de la géométrie. Il est bien entendu qu'il ne s'agit ici que des élèves de la deuxième année du cours moyen et surtout des élèves du cours supérieur. Quant aux commençants, s'il est possible, comme nous l'avons indiqué, de leur donner parfois quelques explications, il ne saurait être question de leur exposer des théories, de chercher à leur faire comprendre des démonstrations.

Rien n'est difficile d'ailleurs comme de présenter à des enfants, même à ceux du cours moyen ou du cours supérieur, l'explication raisonnée des opérations de l'arithmétique ou la démonstration des propriétés les plus simples des figures de géométrie. Il y a là pour les maîtres un travail de préparation qui exige des efforts et de la réflexion. Nous allons essayer, non pas de donner pour ce genre de travail une méthode générale, ce qui ne paraît guère possible, mais de poser quelques principes, d'indiquer la marche à suivre, et d'en faire l'application à quelques exemples.

Et d'abord, on doit s'imposer comme une règle invariable de ne jamais sacrifier l'exactitude à la rigueur. Il faut redouter avant tout de mal raisonner, et de prétendre démontrer quelque chose, alors qu'en réalité l'on ne démontre rien. Les élèves, même les plus avancés dans leurs études, ne sont que trop enclins à se payer de mots, à croire qu'ils raisonnent avec méthode et avec rigueur, lorsqu'ils ne font que reproduire, sans y rien comprendre, un semblant de démonstration.

Il est donc indispensable de présenter les théories de l'arithmétique d'une manière rigoureuse. Mais il faut encore, dans la mesure où cela est possible, leur conserver leur caractère général et élevé, afin de ne pas trop borner les horizons et de montrer les choses sous leur véritable point de vue. Cela ne veut pas dire qu'il faille toujours choisir, parmi les diverses manières d'exposer une question, la plus générale, la plus féconde en conséquences, alors même qu'elle est la plus difficile à comprendre, ce qui est le cas ordinaire. Mais il est très utile de conserver aux démonstrations leur véritable caractère et de n'en restreindre la portée que lorsqu'il est impossible de faire autrement.

II

Pour préparer une leçon dans cet esprit, il sera bon de procéder de la manière suivante :

Le maître commencera par se remettre en mémoire aussi bien que possible le sujet de sa leçon. Il le traitera pour lui-même, et en quelque sorte devant lui-même, avec toute la généralité et toute l'ampleur qu'il comporte. Cela fait, il examinera attentivement quelles peuvent être, dans le sujet ainsi traité, les difficultés principales et de quelle nature sont ces difficultés. S'il lui apparaît clairement qu'il n'y a rien qui dépasse la portée intellectuelle des élèves auxquels il doit s'adresser, il pourra conserver les grandes lignes de sa leçon et se borner à écarter certains détails, à simplifier l'exposition et à préparer des exemples bien appropriés à la théorie. Mais, le plus souvent, il n'en sera pas ainsi. En examinant de près chaque explication, il ne tardera pas à se convaincre qu'il y a des points délicats, des déductions longues et complexes qu'il ne peut espérer en aucune façon pouvoir faire saisir à ses élèves. Procédant alors par élimination et allant du composé au simple, il cherchera à écarter successivement toutes les difficultés, tantôt en modifiant une démonstration, tantôt en scindant les propositions, tantôt enfin en se résignant à restreindre la portée de la question et à n'en conserver que quelques éléments à la fois simples et indispensables.

Supposons, par exemple, qu'il s'agisse de faire une leçon à des élèves de la seconde année du cours moyen sur les *caractères de divisibilité*. La méthode générale pour trouver le caractère de divisibilité relatif à un diviseur quelconque d est la suivante :

On cherche les restes que fournissent, lorsqu'on les divise par d, les puissances successives de 10. Et, pour cela, on divise par d l'unité suivie d'un nombre illimité de zéros. Deux cas peuvent alors se présenter : 1° au bout d'un certain nombre d'opérations on trouve un reste nul. L'unité décimale de l'ordre 10^n, par exemple, est alors divisible par d, et l'on en conclut facilement la règle connue pour trouver le reste de la division par d d'un

nombre entier quelconque. Ce cas est celui où d ne renferme
d'autres facteurs premiers que 2 ou 5, et l'on en fait l'application
à 2, 4, 8, 5, 25, 50, etc..... 2° Au bout d'un nombre d'opérations au plus égal à d-1 , on retrouve un reste déjà obtenu et
les restes se reproduisent périodiquement. La loi des restes conduit alors facilement à une règle pour trouver le reste de la division d'un nombre entier par le diviseur d. C'est ainsi qu'on
démontre les règles connues de la divisibilité par 3, 9, 11,
7, etc.....

Telle est, en substance, la théorie générale de la recherche
des caractères de divisibilité. Mais il est bien clair que cette
théorie ainsi présentée ne serait nullement accessible à des élèves
d'une école primaire. La difficulté provient ici du caractère tout
à fait général et abstrait de la démonstration. Il faut donc
restreindre la question et la scinder en même temps. Il conviendra de chercher séparément les caractères de divisibilité par
les nombres les plus simples, 2, 5, 4 d'abord, puis 3 et 9.
Mais on pourra conserver quelque chose de la méthode générale
que nous venons de rappeler. On pourra d'abord, contrairement
à ce qui se fait d'ordinaire, diviser par le diviseur en question
l'unité suivie de zéros, de manière à montrer qu'on trouve toujours par le même procédé les restes fournis par les unités déci-
males des divers ordres. Il n'y aura à cela aucune difficulté, et
il sera même possible de montrer aux élèves, en prenant les
exemplaires simples de 4 et de 3, qu'il y a deux cas différents
dans cette recherche, et qu'on est conduit à deux règles essentiellement distinctes. La question pourra ainsi être traitée très
simplement, mais d'une manière logique et sans qu'on lui ait
fait perdre son véritable caractère.

III

Prenons comme deuxième exemple une question généralement
mal comprise par les élèves et qui présente en effet de sérieuses
difficultés, la *théorie du plus grand commun diviseur*. Supposons
qu'il s'agisse de l'exposer à des élèves du cours supérieur. Rappelons en quelques mots le raisonnement que l'on fait d'ordinaire. Soit à trouver le plus grand commun diviseur entre
8136 et 468. On est conduit à diviser 8136 par 468 et l'on
trouve 180 pour reste. On démontre alors que le plus grand

commun diviseur entre les deux nombres proposés est le même
que le plus grand commun diviseur entre 468 et 180. En raison-
nant sur ces deux derniers nombres comme on l'a fait sur les deux
premiers, on est ramené à chercher le plus grand commun diviseur entre le plus petit, 180 et 108 qui est le reste de leur division. En continuant de la sorte on arrivera nécessairement à un
reste nul, puisque les restes vont en diminuant et que, comme
ce sont des nombres entiers, ils ne sauraient être en nombre
infini. Le dernier diviseur employé sera alors le plus grand commun diviseur cherché.

Pour peu qu'on réfléchisse à cette théorie, on ne tarde pas à
se convaincre que la difficulté capitale qu'elle présente consiste
dans le raisonnement par lequel on établit que le plus grand
commun diviseur entre les deux nombres proposés est le même
qu'entre le plus petit et le reste de leur division. Tous ceux qui
ont enseigné l'arithmétique savent que c'est là le point que les
élèves ont le plus de peine à comprendre. Cela tient à ce que le
raisonnement que l'on fait d'ordinaire a une portée très générale,
en ce qu'il établit, non seulement que le plus grand commun
diviseur est le même, mais que tous les diviseurs communs à ces
deux couples de nombres sont identiques. Mais si l'on veut renoncer à cet avantage, il est possible de donner à la démonstration un tour un peu plus simple. Supposons en effet que l'on
ait tout d'abord établi : 1° que tout nombre qui en divise deux
autres divise le reste de la division du plus grand par le plus
petit ; 2° que tout nombre qui divise le diviseur et le reste d'une
division divise aussi le dividende ; on pourra raisonner alors de
la manière suivante : Comme le plus grand commun diviseur
cherché doit diviser le reste de la division des deux nombres
donnés, il ne pourra surpasser ce reste. Ce reste sera par conséquent le plus grand commun diviseur, s'il divise le plus petit
nombre, puisqu'alors il divisera aussi le plus grand. On est donc
conduit à diviser le plus petit nombre par le reste. Si cette nouvelle division se fait exactement, l'opération est terminée. Dans
le cas contraire, on divisera le premier reste par le second, qui,
en vertu du même raisonnement, sera le plus grand commun
diviseur, si la division se fait exactement. Et ainsi de suite. Nous
indiquons brièvement cette autre démonstration qu'il serait facile
de développer. Elle ne présente pas le long raisonnement que
l'on rencontre dans la première, et bien qu'elle ne soit pas elle-

même exempte d'une certaine difficulté, inhérente au sujet, elle
semble plus accessible aux élèves des écoles primaires.

IV

Il arrive parfois que la nécessité où l'on se trouve de renoncer
au caractère général d'une démonstration conduit à en adopter
une autre qui est incomplète et qui ne s'applique qu'à certains
cas particuliers. C'est un écueil qu'il faut éviter, et surtout il
faut bien se garder de donner comme général un raisonnement
qui ne l'est pas. On trouve un exemple de ce défaut dans la démonstration qu'on donne d'ordinaire dans les écoles primaires de
la proposition relative à la *mesure de la surface du rectangle*.

Il est bien clair que c'est avec raison que cette proposition n'est
pas établie à l'école primaire comme elle l'est dans les cours de
mathématiques de nos lycées. On renonce à cette démonstration
générale par laquelle on prouve que dans tous les cas, même
lorsque les dimensions sont incommensurables entre elles, les
surfaces de deux rectangles sont proportionnelles aux produits
de leurs deux dimensions. On se borne à faire voir, au moyen
d'une figure, que si, par exemple, la base d'un rectangle a une
longueur de 4 mètres et sa hauteur une longueur de 3 mètres,
la surface du rectangle contient $4 \times 3 = 12$ fois celle du mètre
carré. On considère ensuite le cas où les deux dimensions seraient
exprimées par des nombres décimaux, et l'on étend la démonstration à ce cas.

Or, il est manifeste qu'il y a là une lacune grave. Il faut encore examiner le cas où les deux dimensions seraient exprimées
par des nombres fractionnaires quelconques (sans parler du cas
où ces deux dimensions seraient incommensurables entre elles,
cas dont l'examen doit être absolument écarté). Rien n'est facile
comme de compléter cette démonstration de la manière suivante :

On remarque d'abord que si le côté d'un carré vaut une partie
aliquote de l'unité, par exemple, $\frac{1}{8}$ du mètre, sa surface vaudra
$\frac{1}{64}$ du mètre carré, c'est-à-dire une partie aliquote du mètre
carré représentée par le carré de la première. Il est facile de
mettre en lumière cette première partie de la démonstration.

Supposons ensuite que les deux dimensions du rectangle
soient de $\frac{3}{5}$ et $\frac{7}{12}$ du mètre, ou bien $\frac{36}{60}$ et $\frac{35}{60}$. Si l'on prend pour
unité de longueur $\frac{1}{60}$ du mètre, l'unité de surface deviendra $\frac{1}{3600}$ du

mètre carré, d'après ce qui précède. Les deux dimensions étant alors exprimées par les nombres entiers 35 et 36, la surface contiendra 36×35 fois la nouvelle unité de surface. Elle vaudra donc 36×35 fois $\frac{1}{3600}$ du mètre carré, c'est-à-dire une fraction du mètre carré égale à $\frac{36 \times 35}{3600}$, ou encore à $\frac{36}{60} \times \frac{35}{60}$, ou enfin, à $\frac{3}{5} \times \frac{7}{12}$. L'aire du rectangle sera donc encore représentée par le produit de ses deux dimensions.

Le temps dont nous disposons ne nous permet pas de multiplier les exemples de ce genre. Mais ceux-là suffiront peut-être à montrer combien il est nécessaire de préparer avec soin une leçon, si l'on veut la rendre profitable aux élèves auxquels elle s'adresse, et d'autre part comme il devient possible le plus souvent de simplifier l'enseignement des sciences exactes, sans rien lui faire perdre de son exactitude et sans en altérer la portée et le caractère. C'est un travail difficile, mais devant lequel un maître instruit et zélé ne devra jamais reculer.

CONFÉRENCES

SUR LA LEÇON D'HISTOIRE

ET

LA LEÇON DE GÉOGRAPHIE,

Par M. SCHÄFER, Professeur au lycée Saint-Louis.

RÉSUMÉ

des conférences de M. Schäfer, professeur au lycée Saint-Louis,
sur la leçon d'histoire et la leçon de géographie
à l'école primaire.

La leçon d'histoire.

I

La leçon d'histoire est particulièrement difficile à faire dans l'école primaire. L'histoire traite des hommes, de leurs intérêts, de leurs passions : elle est donc au-dessus de l'âge des enfants; et c'est une entreprise délicate de la mettre à leur portée. En outre d'autres matières de l'enseignement, sciences naturelles, grammaire, sont choses actuelles, vivantes pour ainsi parler : l'enfant en a l'intuition avant que le maître les lui enseigne; il est préparé à les comprendre et à les apprendre par le milieu où il a grandi. Au contraire, l'histoire est une résurrection, dit Michelet. C'est donc que la matière en est morte et la difficulté est précisément de faire revivre tout ce passé. D'autres connaissances enfin, s'imposent à l'esprit par l'évidence des principes absolus et par la rigueur des déductions : or les vérités historiques sont relatives, comme toutes celles des sciences morales.

Difficile à donner et à recevoir, l'enseignement historique est cependant indispensable pour former un bon esprit. Justement parce que ces notions ne sont pas absolues et évidentes par elles-mêmes, elles sont une matière très propre à exercer le jugement par la comparaison des hommes et des faits, par la recherche de l'enchaînement des conséquences. Un esprit exclusivement nourri de sciences mathématiques n'aurait point le sens du réel et du relatif, que développe l'histoire. Celle-ci intéresse le cœur, excite la sympathie en même temps que l'intelligence; bien comprise, elle est un des meilleurs instruments d'éducation morale et intellectuelle. Elle est encore le fondement de l'éducation civique : elle nous montre la solidarité des Français dans le temps passé et, par conséquent, nous l'explique dans le temps présent : par cet enseignement seul, on peut développer dans un peuple la conscience de sa tradition nationale, nécessaire surtout dans une démocratie.

II

Ces généralités étaient indispensables pour bien marquer d'avance le but à atteindre. Le résultat en effet doit être triple : pratique, pédagogique et moral. Un maître éminent a défini la tâche : « sacrifier sans scrupules les détails de pure érudition pour mettre en relief les grandes lignes du développement de la nationalité, les progrès des idées sociales, les conquêtes de l'esprit, qui sont les vraies conquêtes de la civilisation; placer sous les yeux de l'enfant les hommes et les choses par des peintures qui agrandissent son imagination et qui élèvent son âme. » En un mot, enseigner ce qu'il n'est pas permis d'ignorer. La leçon doit donc contenir peu de choses bien sues, c'est-à-dire clairement comprises et classées. Les dates servent à classer les faits, comme des points de repère : or ceux-ci, s'ils sont rares, nous dirigent; s'ils sont trop nombreux, ils nous égarent et nous fatiguent par leur confusion. Une seule date par leçon peut suffire souvent, et ici le moins est le mieux. Pour les faits, la quantité doit en être mesurée, dosée, d'après les élèves, qui sont différents dans les trois cours et même dans chaque cours différent suivant les années. Mais avant tout, que les faits soient précis, et qu'ils soient vrais, car l'histoire est une science; que le maître écarte les explications supposées et le roman historique. « Il n'est pas plus difficile de faire une impression vraie qu'une impression fausse. Ce qui est difficile, c'est de détruire l'impression quand une fois elle existe ».

Enfin les détails doivent être rattachés à une idée générale dont ils sont en quelque manière *la démonstration*. Découvrir et formuler ce fait capital, dont tous les autres sont les conséquences et l'explication, est le premier, le plus nécessaire et le plus difficile travail du professeur. Prenons, par exemple, le règne de Charles V : quel est le fait dominant, et qui commande tous les autres, pendant ces seize ans, de 1364 à 1380? C'est évidemment l'expulsion des Anglais : voilà donc le fond de la leçon, la formule à démontrer aux trois cours.

III

La mise en œuvre changera suivant l'âge des enfants et les indications du programme : au cours élémentaire, ce devra être surtout une *biographie;* au cours moyen une *histoire sommaire* mais complète; au cours supérieur une *revision méthodique.* Les faits doivent donc être variés à chaque cours, non pas tant en quantité qu'en qualité : une leçon n'est pas simple parce qu'elle est sèche et sans détails; elle est simple quand les détails sont bien appropriés à la portée d'esprit des élèves. C'est là sans doute un travail délicat pour le maître, mais c'est un effort nécessaire. Aux enfants du premier cours, ce qu'il faut peindre surtout, c'est l'homme même, c'est Charles V, d'après l'exemple que nous avons choisi, parce qu'une biographie est un sujet plus concret, d'une intuition plus facile. Quelques indications suffiront à tracer l'ordre d'idées qu'il faut suivre : enfant maladif, incapable par faiblesse des jeux guerriers de ses contemporains, le dauphin s'adonne à l'étude, il réunit une bibliothèque, il étudie dans l'historien Polybe la science de la guerre. Exposé dans sa jeunesse à de graves dangers, il acquiert une expérience précoce des hommes et des choses; aussi dès 1364, il distingue du Guesclin. En un mot c'est un prince sage, c'est-à-dire prudent, habile, diplomate, organisateur. Ces quelques traits suffisent à des maîtres pour marquer la voie devant eux. Au cours moyen la leçon d'histoire doit être sommaire mais complète. C'est ici que l'élève fait sa principale provision de savoir historique, car le cours supérieur ne sera qu'une revision. On devra donc montrer la misère de la France en 1364, misère due aux Anglais, aux grandes compagnies : le remède, c'est l'expulsion des étrangers. Le portrait de Charles V permettra de mettre en lumière les qualités et les défauts de ce prince pour l'œuvre à accomplir. Le rétablissement de la paix intérieure, l'alliance de la Castille, de la Flandre, l'organisation de l'impôt, de l'armée préparent les succès de du Guesclin. A la mort prématurée du roi l'œuvre est accomplie; les Anglais sont chassés, la France prospère. Au cours supérieur, la revision méthodique doit mettre en évidence les progrès généraux du pays : première éclosion du patriotisme. Gouvernement régulier appuyée sur une armée organisée et pourvue de ressources normales. Charles V, instruit et habile, est déjà

un prince moderne. La France est donc une force organisée,
conduite avec intelligence, et il est inévitable qu'elle triomphe.
Dans ces trois cadres de leçons, l'idée principale est la même;
c'est toujours la délivrance de la France qui est expliquée
aux élèves, mais par des détails variés et appropriés à leur
âge. Et il semble qu'on peut avec ces éléments atteindre aisément le triple but que l'on s'est fixé : l'enfant a acquis des
connaissances essentielles; son esprit s'est fortifié et enrichi; au
point de vue moral, il a vu le triomphe de l'intelligence sur la
force brutale, le peuple français délivré par sa volonté patriotique, etc.

Il reste à disposer les faits dans un ordre méthodique : s'il
s'agit d'une biographie, il faut d'abord déterminer le milieu,
qui est comme le fond du tableau; pour Charles V, ce serait
l'état du pays en 1364; puis tracer le portrait du personnage,
indiquer l'œuvre qui s'impose à lui, partager son règne en pé-
riodes; et, quand on a raconté les faits, conclure en dégageant
l'état général. — De légères modifications permettraient d'adopter
ce cadre au récit d'un grand fait, d'une période importante, à
l'histoire d'une institution.

En résumé, si les faits sont exposés avec méthode, si l'idée
générale qui sert de lien et de conclusion a été bien dégagée, les
enfants ont dû comprendre et il leur est facile de retenir. Leur
souvenir doit être rendu plus assuré par des interrogations qui,
faites au cours même de la leçon, les associent au travail du maître,
par des comparaisons entre Charles V et Jean II, entre les frontières
de 1364 et celles de 1380 par exemple, par des résumés, par
des cartes, moyens variés que connaissent tous les maîtres.

On grave ainsi dans la mémoire des connaissances nouvelles,
on développe l'intelligence par un exercice méthodique, et quand
on raconte le passé de la France, on fait aimer la patrie, car
il n'y a pas de plus belle histoire.

La leçon de géographie.

I

Pour l'enseignement de la géographie, l'exemple vaut mieux
que le conseil, qui est difficile à donner. Toutefois la tâche est
facilitée par les efforts faits en France depuis vingt ans et en par-

ticulier par la conférence remarquable de M. E. Levasseur, au
congrès pédagogique de 1878. Autrefois, la géographie n'était
qu'une nomenclature; aujourd'hui, certains esprits voudraient en
faire le résultat et l'aboutissement de toutes les sciences : géolo-
gie, astronomie, sciences morales, etc. Il faut éviter le double
excès de la sécheresse et de la surabondance, surtout pour des
enfants. Plus de choses que de mots, mais des choses même avec
modération et mesure : cette maxime guide le maître dans le
choix des matières de sa leçon.

Peut-il encore approprier cet enseignement au développement
de certaines facultés de l'esprit? Cela semble certain; une leçon de
géographie fait un appel incessant aux deux formes essentielles
du raisonnement, l'analyse et la synthèse, car la leçon est impossible
sans abstraction et sans analyse; et une carte n'est qu'une synthèse
placée sous les yeux. Sur le tableau noir, le maître isole les faits et les
montre successivement dans leurs rapports pour les rendre plus
faciles à voir; sur la carte, il reconstitue l'ensemble et met en lumière
l'enchaînement des parties. De même pour le développement
moral, la géographie fait connaître aux Français les raisons de
leur solidarité, non plus dans le passé, comme l'histoire, mais
dans le présent et dans l'espace. Elle élargit l'esprit par la connaissance des autres peuples. «Peut-on être Persan!» est le cri
d'un ignorant en géographie. N'est-on pas plus tolérant quand
on a compté dans le monde 470 millions de bouddhistes pour
360 millions de chrétiens? La leçon de géographie peut donc et
doit donner à l'élève un triple profit pratique, pédagogique et
moral.

II

Avant d'en tracer le cadre méthodique, quelques conseils pratiques sont nécessaires. Et d'abord, il faut user du tableau noir.
Cela certes est difficile; mais ne peut-on une fois pour toutes
préparer d'avance les points de repère principaux avec une encre
sombre dont on blanchit ensuite les lignes à la craie, suivant les
besoins du jour? De cette manière, la main du maître est guidée
et l'élève isole facilement ce que la craie a mis en vue. L'usage
et l'intelligence de la carte de l'état-major, pour les pays connus
de l'enfant, des interrogations au tableau ou sur des cartes muettes
que l'on corrige à loisir sont les meilleurs moyens d'assurer le
souvenir des noms et des contours. Dans ses divisions, le maître

doit éviter de procéder exclusivement par bassins fluviaux ; car il
risquerait de donner à l'enfant une idée très fausse du relief,
envisagé seulement comme un mur mitoyen entre les rivières.
Enfin le relief doit être d'abord étudié pour lui-même, indépen-
damment des eaux ; sinon l'élève n'aurait qu'une notion inexacte
des montagnes, des collines et des plateaux, comme les Alpes,
l'Auvergne ou la Bretagne.

III

Cela posé, prenons un exemple : le bassin de la Seine. Le
premier soin du professeur est de circonscrire la région qu'il veut
étudier, en indiquant sa place sur la carte, ses limites générales
et ses frontières maritimes, s'il y a lieu. En effet, les frontières
de terre ne peuvent être suivies que sur un terrain déjà reconnu,
car elles ont les eaux et les hauteurs comme points d'appui. Le
maître trace donc l'embouchure de la Seine, entre les plateaux
crayeux de Caux et les dernières collines du Lieuvin. Il nomme
les hauteurs de la ceinture : plateaux de Caux et de Saint-Quen-
tin, Argonne, etc. Il en indique l'altitude relative et, d'un trait
plus accentué, marque le sommet dans le Morvan et la Côte-
d'Or. Le bassin présente donc une pente générale inclinée vers
l'ouest nord-ouest. Mais les hautes plaines de la Champagne, de
la Brie et de la Beauce se prolongent dans l'intérieur ; de sorte
que Paris est au fond d'une cuvette où les pentes font converger
toutes les rivières : Seine, Yonne, Marne et Oise, et dont la
Seine même aura peine à sortir, à force de détours. Les vallées
secondaires aboutissent toutes au sillon central, de Troyes à
Rouen. Des routes sont ainsi tracées au travers du bassin, la ceinture même est ouverte : au nord, par la trouée de l'Oise, au sud,
par celle d'Orléans. La direction des rivières est donc indiquée
d'a-vance. Quelques noms de villes servent à jalonner leur cours,
autant que possible, aux changements de routes et aux confluents.
Il faut aussi dire quelques mots de leur régime. Toutes, dans ce
bassin, sortent de monts médiocres et n'ont pas les crues de la
Loire ou du Rhône, dues à la fonte des neiges. Deux, l'Yonne et
la Marne, traversent, l'une le granit du Morvan, l'autre la craie
de la Champagne ; et sur ces terrains imperméables elles grossis-
sent aux moindres pluies ; l'Yonne, surtout, est torrentielle. Mais
comme les pentes des quatre sources principales sont inégale-
ment inclinées, les eaux de crues se succèdent au lieu de tomber

en même temps dans le lit commun du fleuve ; et celui-ci est le
plus régulier de France, le plus aisément navigable, le plus facile aussi à joindre par des canaux aux rivières voisines. En effet,
canaux et voies ferrées suivent le plus souvent les chemins naturels des cours d'eau. C'est le moment de placer ou de rappeller
les villes principales en expliquant leur raison d'être, aux passages importants, comme forteresses (Laon, Verdun, Strasbourg) ;
aux carrefours de routes (Paris, Orléans, Toulouse); au voisinage
des mines, des grandes exploitations agricoles, etc., car il faut
dire un mot des produits et du climat.

Puis, les villes se groupent par régions, d'après le relief, les
eaux, le climat, les produits. La Champagne, la Bourgogne, la
Normandie, correspondent aux hauteurs ou aux plaines du bassin
voisin de la ceinture : l'Ile de France au fond de la cuvette où
convergent les principales rivières. Et la formation territoriale
du pays s'explique par l'union si étroite de la géographie et de
l'histoire.

Tel serait le cadre d'une leçon sur l'exemple choisi comme sur
tout autre; car c'est l'ordre logique qui préside à la distribution
des matières; et les notions diverses ajoutées à la nomenclature
rendent la leçon plus intéressante parce qu'elles la font plus vivante, plus rapprochée de la réalité. Peut-être quelques notions
seront-elles parfois un peu hautes pour l'intelligence de quelques
enfants, mais il suffit que la semence entre et germe dans leur
esprit; elle grandira en même temps que lui.

CONFÉRENCES

SUR

L'ENSEIGNEMENT DES SCIENCES

PHYSIQUES ET NATURELLES

(LEÇONS DE CHOSES),

Par M. GEORGIN, Inspecteur primaire à Paris,
Membre du Conseil départemental de la Seine.

RÉSUMÉ

des conférences de M. Georgin, inspecteur primaire à Paris,

sur l'enseignement des sciences physiques et naturelles

(leçons de choses).

1re Conférence : Directions générales.

I

En un demi-siècle, grâce aux progrès de la physique, de la chimie et de la mécanique, l'industrie des hommes a réalisé des prodiges : navigation à vapeur, chemins de fer, photographie, éclairage au gaz, télégraphie électrique, machines à coudre, lumière électrique, téléphone, etc.

Mais si étonnantes que soient ces merveilles, nos ingénieurs ne sont pas encore parvenus à produire de toutes pièces un grain de blé, un fragment de pierre ou un simple filament de coton ; certains problèmes continueront à se poser sans recevoir jamais une solution définitive ; toujours les hommes devront se nourrir, se loger et se vêtir ; par conséquent la société aura constamment besoin de cultivateurs et d'artisans.

Bien comprise dans sa mission et dans ses procédés, l'école primaire a une grande part dans la préparation de la jeunesse aux travaux de la vie : non seulement elle communique à l'enfant des connaissances utiles, mais elle donne l'essor à ses facultés naissantes ; elle exerce son attention, lui apprend à observer et à bien juger, stimule sa volonté, lui inspire l'énergie et la persévérance, dépose dans son cœur les nobles sentiments et les aspirations généreuses, soulève pour lui un coin du voile qui cache les lois et les mystères de la nature.

S'il est une étude propre à développer chez l'enfant l'esprit d'investigation et à lui fournir des moyens d'action dans une foule de circonstances, c'est assurément celle des sciences physiques et naturelles, c'est-à-dire la connaissance des lois qui président aux forces de la nature, à la composition et à la décomposition des corps, à l'organisation des animaux et des végétaux, à la constitution des substances minérales. Il n'est pas de position sociale, si modeste qu'elle soit, qui n'ait un grand intérêt à posséder sur ces matières des notions suffisantes : si la vie moyenne a sensiblement augmenté depuis un demi-siècle, si le bien-être a pénétré dans la grande masse de la nation, si la moralité même a fait un pas considérable en avant, nous le devons à la propagation de l'instruction primaire, aux progrès de l'industrie, aux magnifiques découvertes faites dans le domaine des sciences physiques et naturelles. S'il est honteux, aujourd'hui, de ne pas savoir lire et écrire, on n'est pas excusable de n'avoir pas au moins la notion du baromètre, du thermomètre, de la machine à vapeur, du télégraphe électrique, de la composition de l'air et de l'eau, de l'organisation de l'homme et des animaux, de la structure des végétaux, des grandes lois de l'hygiène, etc.

Être étranger à ces diverses questions, ce n'est pas seulement être privé d'une foule de jouissances intellectuelles et morales, c'est être mal préparé aux travaux obligatoires de l'existence. Le cultivateur, le maçon, le menuisier, la couturière, la femme de chambre, la cuisinière, ceux qui travaillent, comme ceux qui ont des rentes, ont besoin de posséder, sur ces diverses questions, des notions suffisantes.

C'est donc avec raison que les nouveaux programmes de l'enseignement primaire contiennent des notions sur les sciences physiques et naturelles et sur leurs applications à l'hygiène, à l'industrie, à l'agriculture et à l'horticulture.

II

Il n'est pas entré dans la pensée du législateur d'instituer à l'école primaire des leçons savantes sur chacune de ces sciences. Ce qu'il demande, c'est que vous fassiez connaître les grandes lois de la physique et de la chimie, que vous mettiez en lumière ce qu'elles peuvent avoir d'utilisable dans les occupations de la vie, afin que l'ouvrier et l'ouvrière se rendent compte de ce qu'ils font, n'acceptent plus comme explication des paroles vides de sens, et trouvent là de nouvelles ressources pour l'exercice de leur profession.

En deux séances d'une heure chacune, je dois explorer devant vous le vaste champ des sciences physiques et naturelles, de l'hygiène, de l'agriculture et de l'horticulture ; je ne puis entrer dans tous les détails que comporte le sujet; je ne puis surtout avoir la pensée de vous apprendre ce que vous devez communiquer à vos élèves; je dois supposer que vous possédez les matières du programme. Je me bornerai donc à vous entretenir du *but* de cet enseignement, de la *mesure* à garder, de la *méthode* à suivre, du *langage* à employer et de *l'outillage* à réunir. Je terminerai par quelques spécimens de leçons.

Dans cette première séance, nous nous occuperons spécialement des sciences physiques, c'est-à-dire du programme de physique et de chimie. Le règlement du 27 juillet 1882 en impose quelques notions à la classe enfantine et au cours élémentaire; — dans le cours moyen, il aborde les trois états des corps, avec des notions sur l'air, sur l'eau et sur la combustion; — au cours supérieur, sous une apparence modeste, il embrasse une foule de sujets intéressants, mais quelques-uns difficiles : pesanteur, levier, équilibre des liquides, pression atmosphérique, baromètre; chaleur; — thermomètre, machine à vapeur; — lumière, électricité, paratonnerre, télégraphe électrique; — magnétisme, boussole.

Ce programme place les sciences physiques après les notions des sciences naturelles. La répartition mensuelle préparée pour les écoles primaires de la Seine a modifié cet ordre : elle assigne les mois d'octobre et de novembre à la physique; les mois de décembre et de janvier à la chimie; le mois de février à l'histoire naturelle de l'homme; le mois de mars à l'hygiène; le mois d'avril aux animaux; les mois de mai et de juin à la botanique; le mois de juillet à l'étude du sol au point de vue de l'agriculture.

Les motifs de cette distribution sont faciles à comprendre : nous avons à donner un enseignement de faits et non un enseignement de mots, à faire comprendre et non à faire réciter. Ce n'est pas savoir ce qu'est la digestion, par exemple, que d'être en état d'énumérer les diverses phases qu'elle présente; il faut se rendre compte des actions chimiques qui ont pour résultat la liquéfaction d'une partie des substances alimentaires, et une telle notion ne peut être acquise si l'enfant ne possède déjà certaines connaissances en chimie. On a reporté en mai et en juin l'étude de la botanique, parce qu'il est facile, à cette époque de l'année, de se procurer des fleurs en plein épanouissement, et que rien ne remplace la vue des choses.

6.

III

Ces observations présentées, passons à l'objet de cette séance.

Le *but* de l'enseignement des sciences physiques et naturelles, nous l'avons déjà signalé à vos méditations : exercer et habituer l'enfant à observer, à s'intéresser aux phénomènes de la nature et aux phénomènes usuels, à ne pas se contenter d'explications qui ne justifient rien, à remonter des effets aux causes ; — en même temps populariser les lois physiques d'une application fréquente dans l'industrie, dans l'économie domestique et dans la culture du sol, comme tout ce qui se rapporte à la porosité, à la capillarité, à l'élasticité, à l'inertie, à la pesanteur, à la force centrifuge, au centre de gravité, à la pression atmosphérique, au rayonnement, etc.

Par la *mesure*, j'entends désigner le cadre dans lequel il convient de renfermer cet enseignement : n'oublions pas que nous nous adressons à des enfants de neuf à douze ans, qui n'ont guère observé, dont l'instruction générale est faible et le vocabulaire restreint, et qui sont mal préparés à déduire les conséquences d'un principe posé; par conséquent, vous devez écarter les théories purement scientifiques et vous en tenir aux lois générales d'une application usuelle; par contre, il convient que vous entriez dans de grands détails sur les usages que font les hommes de telle ou telle propriété des corps, de telle ou telle loi de la physique ou de la chimie.

Ainsi, quand vous aurez exposé les conditions d'équilibre des liquides et le principe des vases communiquants, développez avec soin le parti que nous avons tiré de ces lois dans la construction de divers ustensiles tels que la burette à huile et l'arrosoir de jardin, dans l'établissement de nos fontaines, de nos jets d'eau et des colonnes montantes qui alimentent les divers étages de nos maisons; faites de la physique locale en signalant la position des bassins de Paris, leur mode d'alimentation et l'origine des eaux qu'ils reçoivent; expliquez comment se produisent les sources dans les campagnes et l'inondation des caves de Paris, par infiltration, à l'époque des grandes crues de la Seine; renseignez vos élèves sur les puits artésiens de Grenelle et de Passy; montrez-leur un niveau d'eau, un niveau à bulle d'air, et faites-leur comprendre comment on fait un nivellement, ce que c'est que le nivellement général de la France; intéressez-les aux échelles hydrométriques établies sur les quais de la Seine, aux repères de nivellement que l'on voit dans beaucoup de quartiers et qui n'arrêtent jamais leur attention; montrez-leur une carte avec des courbes de niveau et apprenez-leur à l'interpréter; faites-leur voir ensuite une carte de l'état-major, avec hachures, et donnez-leur au moins une idée de la manière dont on a exprimé la configuration du sol.

IV

La plupart des faits qui sont dans le domaine de la chimie peuvent donner lieu à des développements aussi intéressants et aussi utiles. Considérons, par exemple, la combustion, c'est-à-dire le phénomène par lequel l'oxygène de l'air se combine avec certains corps pour former une substance gazeuse, et arrêtons-nous particulièrement à la combustion du carbone et des matières formées surtout de carbone, comme le bois, les textiles, le sucre, etc. Après avoir montré que le gaz produit par la combustion est incapable d'entretenir cette combustion, signalons les propriétés de l'oxyde de carbone et de l'acide carbonique, puis indiquons dans quelles circonstances ils se produisent. Distinguons la combustion *lente*, qui s'opère sans flamme, au contact de l'air, et altère plus ou moins promptement les substances végétales dépourvues de vie, comme le bois, les feuilles mortes, les tissus de chanvre, de lin ou de coton. Nous aurons ainsi l'occasion de montrer l'utilité des peintures dont on recouvre les boiseries et les instruments exposés à l'air extérieur, de faire comprendre la nécessité d'empaqueter avec soin les mèches de lampe pour qu'elles ne *s'éventent* pas, c'est-à-dire qu'elles n'éprouvent pas un commencement de combustion qui les fait charbonner quand on les met en usage. Passant ensuite à la combustion *vive*, c'est-à-dire à la combustion avec flamme, nous en révélerons les conditions, ce qui nous permettra de signaler bon nombre de particularités utiles. Il faut que l'air ait un accès facile près du combustible : d'où nécessité de dégager la grille du fourneau ou de disposer le bois sur des chenets qui laissent passage à l'air ; au début, il est nécessaire que l'oxygène pénètre dans la masse du combustible, condition que l'on réalise en employant des copeaux, des brindilles, du papier froissé ; — la combustion ne s'opère qu'autant que le combustible a été élevé à une certaine température : le frottement suffit pour enflammer le mélange phosphoré qui garnit le bout d'une allumette chimique, le feu se communique au soufre et du soufre au bois; — nous produisons en grand ces phénomènes successifs, en employant, pour allumer nos feux, de menus bois, avant de placer des bûches sur le foyer; — les gaz provenant de la combustion ne sont pas capables de l'entretenir : d'où, nécessité de les enlever promptement, et utilité des cheminées à tuyaux plutôt étroits que larges ; — la fumée qui s'échappe d'une cheminée, contient les gaz de la combustion avec des parcelles de combustible non brûlées; ces parcelles s'attachent aux parois de la cheminée et forment la suie, ou bien elles se déposent sur des objets environnants, qu'elles noircissent avec plus ou moins de rapidité; la fumée résulte donc d'une combustion incomplète, d'une insuffisance d'oxygène : nous avons amélioré la combustion, dans nos lampes, au moyen de la cheminée de verre et par l'établissement d'un double courant d'air; — portée à une haute température, l'huile se vaporise et répand un mauvaise odeur : pour prévenir cet inconvénient, nous faisons arriver l'huile en abondance, dans nos lampes, pour empêcher qu'elle ne s'échauffe prématurément au bas de la mèche et pour qu'elle refroidisse constamment les tuyaux métalliques entre lesquels cette mèche est engagée.

Par la même occasion, il sera utile de parler des huiles à brûler, de leur origine, de leur extraction, de leur épuration. Le pétrole, qui est aujourd'hui d'un usage si répandu, à cause de son bon marché relatif, méritera une mention particulière : nous indiquerons comment on se le procure ; nous montrerons la nécessité de le séparer, par distillation, en *huile lourde* ou *pétrole proprement dit*, et en *huile légère* ou *essence de pétrole ;* nous ferons voir, expérimentalement, que l'essence s'allume au contact d'un corps enflammé, tandis que le pétrole résiste à une pareille épreuve ; ces observations nous conduiront naturellement à l'exposé des conseils que prescrit le maniement du pétrole, dont la pureté doit toujours être suspectée. Si le public connaissait bien les propriétés de cette substance, il préviendrait des accidents qui se renouvellent trop fréquemment.

Cette même étude nous conduira à passer en revue les divers appareils d'éclairage, qui se sont succédé dans l'économie domestique : lampe ancienne ou à godet, lampe d'Argant, quinquet, lampe de Carcel, lampe à modérateur, lampe à pétrole.

L'exemple que nous venons d'emprunter à la physique et celui
que nous avons choisi dans la chimie suffisent, je l'espère, pour
montrer l'esprit dans lequel l'école primaire doit envisager
l'enseignement des sciences physiques, et qui peut se résumer
ainsi : énoncé des lois les plus importantes et indications minu-
tieuses de leurs applications usuelles. Nos manuels scolaires ne
sont pas tous préparés pour des leçons ainsi comprises ; presque
tous, pour être peu volumineux, se bornent à l'exposé des lois et
négligent les conséquences pratiques. Vous avez donc besoin
d'être vous-mêmes des observateurs attentifs, de recueillir et de
classer des matériaux. Cependant, vous trouverez de nombreuses
applications dans les ouvrages élémentaires de M. Fabre (éditeur Delagrave), dans les récréations physiques de M. Castillon
(Hachette, bibliothèque rose) et dans d'autres encore.

V

Après vous avoir entretenus de l'objet et de la mesure de l'enseignement des sciences physiques et naturelles, il me tarde de
vous parler de la *méthode* à suivre dans vos leçons. Vous connaissez assurément les méthodes générales d'enseignement : méthode
d'exposition, méthode intuitive et méthode socratique. Notre rôle,
vous le savez, ne consiste pas uniquement à énoncer, à enseigner des lois et des faits ; nous voulons donner de la vivacité et
de la souplesse à toutes les facultés de l'enfant, en même temps
que nous lui communiquerons d'utiles connaissances et que nous
augmenterons son vocabulaire. Pour réaliser aussi bien que possible cette intention, vous ne serez pas exclusifs dans le choix
de la méthode, vous ferez de l'éclectisme, vous vous composerez
une méthode générale qui empruntera à chacune des autres ce
qu'elle contient de meilleur : produisez devant les enfants le
phénomène à étudier, faites-le reconnaître et constater ; ex-
citez-les à en rechercher la cause, à en formuler la loi, à en
déduire les conséquences théoriques et pratiques. Si vos questions
répétées ne peuvent amener la réponse attendue, résignez-vous
à employer la méthode d'exposition, à énoncer vous-mêmes les
lois et les faits, à en signaler les applications. A mesure que vous
avancez dans votre leçon, fixez-en, au tableau noir, les points
essentiels par quelques mots caractéristiques, qui en compose-
ront le sommaire ; faites transcrire ce canevas et demandez le

développement écrit de quelques points importants de la leçon faite. Inutile d'ajouter que le plan de cette leçon a dû être arrêté d'avance, que la prudence commande de se bien pénétrer du sujet, qu'il a fallu réunir les matériaux et les instruments à mettre en œuvre, et qu'enfin on s'est préparé à dessiner les objets dont on ne pourrait disposer.

Dès que vous serez fixés sur la mesure de vos leçons et sur la méthode à suivre, vous devrez vous préoccuper du *langage* à adopter; on ne parle pas à des enfants dans les termes que l'on emploierait avec des adultes instruits; la même leçon doit revêtir des formes différentes, suivant qu'elle s'adresse à des élèves du cours supérieur ou à des enfants des classes élémentaires. Dans les dernières divisions de l'école, le langage demande à être simple, familier, débarrassé d'expressions savantes ou techniques; si un terme étranger aux enfants doit forcément prendre place dans la leçon, il convient de l'expliquer avec une grande exactitude, d'en faire saisir la portée au moyen de comparaisons et d'exemples. Remarquez, je vous prie, que je ne proscris pas absolument les termes techniques; je demande seulement que l'on en donne la valeur : il nous faut bien augmenter peu à peu le vocabulaire du petit élève, comme nous cherchons à accroître progressivement ses connaissances.

Après trois à quatre années de classe, l'enfant a passé au cours moyen : il lit couramment, il peut déjà comprendre un texte de difficulté moyenne, il possède quelques notions sur les animaux et sur les végétaux; on n'est pas tenu à autant de réserve dans les expressions, on peut recourir à certains termes usités dans le langage scientifique, pourvu que l'on prenne la précaution de les définir.

Au cours supérieur, le maître jouit d'une plus grande liberté dans son langage, il peut se rapprocher du texte habituel des traités élémentaires, en ayant soin toujours de s'assurer que ses paroles éveillent dans l'esprit des élèves les idées qu'il a entendu leur communiquer. Vous savez assurément que la nomenclature chimique s'est proposé de donner aux corps composés des noms qui rappellent à la fois les noms et les proportions des corps composants ; c'est ainsi que les expressions *acide sulfureux* et *acide sulfurique* désignent toutes deux des composés de soufre et d'oxygène, avec une proportion d'oxygène plus faible dans le premier que dans le second. On ne vous demande pas d'enseigner systématiquement la nomenclature, mais il est bon que vous en donniez une idée, à l'aide d'exemples familiers; que vous remplaciez à l'occasion, le nom commercial ou industriel par le nom scientifique; ainsi, au lieu des dénominations : vitriol, eau forte, esprit de sel, couperose verte, couperose bleue, qui ne disent rien à l'esprit, employez les mots : acide sulfurique, acide azotique, acide chlorhydrique, sulfate de fer, sulfate de cuivre, qui rappellent les noms des substances élémentaires dont ces composés sont formés. Toutefois, dans ces énumérations, comme en d'autres circonstances, sachons garder la mesure, évitons de faire étalage d'une science creuse, n'abordons que les faits véritablement utiles.

VI

Après vous avoir parlé de la mesure, de la méthode et du langage, je tiens à vous dire quelques mots de l'outillage nécessaires à l'enseignement des sciences physiques et naturelles. La plupart de vos leçons doivent être des *leçons de choses*, c'est-à-dire des leçons données en présence des choses que l'instituteur met sous les yeux de ses élèves, qu'il fait examiner de près, toucher, flairer, soupeser, goûter au besoin. Les tableaux de Deyrolle, que l'on trouve dans la plupart des écoles de Paris, les musées scolaires, les collections réunies par les instituteurs et les institutrices, offrent de précieuses ressources. Me permettrez-vous de dire tout bas que ces tableaux et ces musées, comme les nécessaires métriques, comme les cartes murales, sont malheureusement plutôt des ornements que des instruments de démonstration, qu'on ne les utilise pas assez, qu'on n'en tire pas tout le parti que l'Administration en attendait quand elle les a fournis ? A vingt reprises différentes, j'ai entendu faire dans le vague, dans l'abstraction, des leçons que l'on aurait pu rendre concrètes, presque tangibles, à l'aide des tableaux étalés dans le préau couvert, où ils retiennent simplement la poussière. On est allé plus loin en ma présence : on a détaché du mur un ou plusieurs de ces tableaux, pour les déposer ensuite sur l'estrade, où ils sont demeurés sans emploi. Vous admettrez sans peine que ce procédé est contraire aux notions les plus simples de la pédagogie. N'oublions pas que la vue est un puissant auxiliaire de la culture intellectuelle, que tous nous comprenons mieux, nous retenons

mieux ce que nous avons vu que ce que nous avons simplement
entendu.

Les tableaux de Deyrolle et les collections diverses se rapportent surtout à l'histoire naturelle et à la technologie ; ils offrent
peu de ressources pour la physique et la chimie. Ici, l'instituteur a besoin d'un outillage spécial qu'il devra établir de ses
propres mains ou solliciter de l'obligeance de quelques amis de
l'instruction primaire. Un vulgarisateur, M. René Leblanc, vous
a mis sur la voie, en vous indiquant de quelle manière, avec de
simples ustensiles de cuisine, on peut faire des expériences
très intéressantes. Avec une pièce de cinq francs et un disque
de papier, on montre aisément que les corps tombent avec une
égale vitesse dans le vide ; de simples baguettes permettent de
vérifier les conditions d'équilibre des leviers ; avec des feuilles de
carton, on reconnaît aisément les lois relatives à la détermina-
tion du centre de gravité des surfaces ; un tube de verre en U
donne le principe des vases communiquants ; à l'aide d'un tube
de verre fermé par un bout et d'un peu de mercure, on fait aisément calculer l'énergie de la pression atmosphérique et comprendre le jeu du baromètre ; une petite seringue en verre fournit
une réduction de la pompe aspirante ; le thermomètre de la
classe permet de faire constater les effets de la dilatation ; une
simple bougie placée à différentes hauteurs, dans la porte de
communication de la salle de classe avec le corridor, permet de
faire assister les élèves à la naissance du vent ; un bâton de
verre, un autre de cire à cacheter, une petite pièce de drap et
un modeste pendule électrique vous fournissent le moyen de
produire les deux électricités et d'en montrer les propriétés
particulières, etc.

Pour l'enseignement des notions de chimie accessibles à vos
élèves, vous n'avez pas besoin d'un outillage plus compliqué : il
suffit que vous puissiez produire de l'oxygène, de l'hydrogène, de
l'acide carbonique, du chlore ; que vous ayez le moyen d'isoler
l'azote d'un certain volume d'air, et que vous disposiez des substances les plus indispensables ; une lampe à alcool, trois ou
quatre ballons de verre, deux vases à deux tubulures, quelques
petits flacons d'acides, un autre d'ammoniaque, un autre de
tournesol, une petite quantité de chlorate de potasse et de
bioxyde de manganèse, puis quelques spécimens de métalloïdes
et de métaux, suffisent à vos expériences les plus décisives. Ces

diverses substances doivent être enfermées sous clef. Si vous n'avez jamais manipulé, ne vous risquez pas à faire des essais avant de vous y être exercés sous la direction d'une personne compétente. Sans cette précaution, vous risqueriez de vous blesser et vous vous exposeriez à blesser vos petits auditeurs.

VII

Je m'arrête ici, limité, trop limité par le temps ; gardez de cette première conférence les indications que j'ai eu le désir de mettre en lumière, savoir :

Faire de l'enseignement des sciences physiques et naturelles un moyen de culture intellectuelle et une préparation à l'exercice intelligent et fructueux d'une profession manuelle ;

Dans le vaste champ des sciences d'observations, se contenter des lois principales, des faits d'une application utile, mais en exposer avec soin les conséquences pratiques ;

Employer la méthode expérimentale, la méthode des leçons de choses ; montrer les objets, leurs images ou le dessin qu'on en peut faire au tableau noir ; produire les phénomènes en présence des élèves, en provoquer ou en fournir l'explication ; se défier des phrases toutes faites ; s'assurer si les auditeurs se rendent un compte exact ;

Approprier son langage à l'âge et au degré d'instruction des élèves auxquels on s'adresse ; la même leçon doit revêtir une forme différente suivant la division : simple, familière, exempte d'abstractions, au cours élémentaire ; un peu plus sérieuse et un peu plus relevée, dans les classes moyennes ; dans le ton des traités élémentaires, quand elle est présentée au cours supérieur ;

Se constituer un outillage suffisant à l'aide des collections et des tableaux déposés dans les écoles ; y ajouter des appareils simples et peu coûteux que l'on préparera soi-même ;

Et comme couronnement, pour cet enseignement nouveau, travailler sans cesse à augmenter ses connaissances par de bonnes lectures, car si l'on n'enseigne pas toujours bien ce que l'on sait, on n'exposera jamais convenablement ce que l'on ne sait pas.

2ᵉ Conférence : Spécimens de leçons.

I

Dans ma première conférence, j'ai cherché à vous montrer le but de l'enseignement des sciences physiques et naturelles, à en déterminer la mesure, à en exposer la méthode, à en caractériser le langage et à vous signaler les appareils élémentaires de démonstration que vous pouvez mettre en œuvre dans vos classes.

Aujourd'hui, mon intention est d'entrer dans la pratique scolaire, en faisant devant vous quelques-unes des leçons que vous êtes appelés à donner aux élèves. J'ai pris un sujet dans chacune des divisions de la matière. Il doit être entendu que la leçon présentée ici sera plus longue que vous ne devriez la faire en classe : je désire vous initier aux procédés, sauf à vous laisser le soin de vous restreindre plus ou moins, suivant le degré d'instruction de vos auditeurs.

Commençons par une leçon de physique. Nous voulons étudier l'air au point de vue physique : nous avons à montrer que l'air est un corps matériel, qu'il est pesant, qu'il est résistant, qu'il exerce une pression dans tous les sens; nous chercherons ensuite à évaluer l'énergie de cette pression, puis à exposer le jeu et l'usage du baromètre, du syphon, de la pipette, etc.

A l'avance, nous préparerons nos modestes appareils de démonstration : un grand carton, un large bocal de verre, un gobelet de même matière, un petit flotteur en liège, de l'eau dans un seau, une carafe à goulot assez large, deux ou trois œufs cuits et dépourvus de leurs coquilles, un tube de verre d'environ 90 centimètres de long et fermé par un bout, un petit bol, un flacon de mercure, des allumettes chimiques et quelques vieilles feuilles de papier.

II

Leçon de physique. — Mes amis, je veux étudier avec vous, aujourd'hui, l'air considéré au point de vue physique, sous le rapport de ses propriétés physiques. Entendons-nous bien à ce sujet. Les propriétés d'un corps sont ses qualités particulières, ses puissances spéciales : l'aimant a la propriété d'attirer le fer ; l'eau jouit de la propriété de dissoudre le sel et non celle de liquéfier le soufre. Étudier l'air au point de vue physique, c'est rechercher les faits qu'il produit sans être altéré dans sa nature, sans que ses qualités particulières soient modifiées. Vous connaissez tous le jouet qui s'appelle *canon à vent* : on en tire le manche ; on en ferme l'ouverture par un bouchon, on pousse le manche, et le bouchon est projeté avec bruit : par sa compression, l'air a lancé le bouchon, mais il n'a pas changé de nature ; voilà un phénomène physique. Vous allez voir, dans un moment, que l'air produit de nombreux phénomènes de cette espèce ; c'est là l'objet de notre leçon ; je veux vous apprendre les changements causés par l'air dans une foule de circonstances.

L'air est un corps matériel. — Et d'abord, l'air nous entoure de toutes parts et pénètre dans toutes les cavités ; vous l'avez constaté par vous-mêmes : quand vous faites dissoudre dans l'eau un morceau de sucre, les bulles qui apparaissent dans le liquide et viennent crever à la surface, ne sont autre chose que de l'air emprisonné entre les parcelles de sucre. Mais cet air est-il une matière, une substance, quelque chose qui puisse être comparé à ce qui constitue l'eau, le bois, la pierre le papier ? — Oui, assurément : s'il n'était pas matériel, il n'écarterait pas les particules d'eau quand il s'échappe du sucre. En ce moment, où tout est en repos dans la salle, rien ne vous révèle la présence de l'air ; mais j'agite fortement, devant vos visages, la feuille de carton que je tiens à la main : que ressentez-vous ? — Du vent. — Oui, du vent, qui vous cause une sensation de fraîcheur et agite vos cheveux ; si l'air n'était pas une substance, une matière, il ne produirait rien de semblable. Vous conclurez donc avec moi que l'air est une chose matérielle. Il y a plus, c'est que quand on l'agite, on provoque un courant, un écoulement, qui n'est autre chose que le vent : nous dirons donc que le vent est un courant d'air plus ou moins rapide, qui s'écoule dans la masse de l'air environnant, comme un cours d'eau coule dans la masse liquide d'un lac ou encore dans l'eau presque immobile des bords d'une rivière ou d'un fleuve. J'ai produit du vent en agitant une feuille de carton ; on le fait naître, au coin du feu, au moyen d'un soufflet, dans les usines à l'aide de machines appelées *ventilateurs* ; un peu plus tard, je vous dirai par quel moyen la nature produit les vents terrestres. — J'écris, dans un coin du tableau noir, quelques mots destinés à vous rappeler les faits déjà établis : *l'air est matériel, le vent.*

L'air est pesant. — Puisque l'air est une substance, une matière, quelque chose enfin, il doit être pesant. La simple réflexion vous fait pressentir ce second fait; mais on a vérifié cette vue de l'esprit, on a pu peser l'air, comme on pèse de l'huile ou du lait. Pour y parvenir, les savants ont construit une sorte de pompe à air, une machine pneumatique, au moyen de laquelle on peut enlever l'air contenu dans un vase, c'est ce qui s'appelle *faire le vide;* retenez bien cette expression. On a pris un grand ballon de verre, d'une capacité de 10 litres, dont le goulot était pourvu d'une garniture métallique à robinet : on a pesé le vase plein d'air, puis vide d'air, et l'on a constaté que la première pesée était d'environ 13 grammes supérieure à la seconde. On peut donc affirmer que l'air est pesant; l'expérience montre en outre qu'un litre d'air pèse environ $1^g,3$ et que le poids d'un mètre cube d'air atteint près de 1,300 grammes. — Seconde notion à inscrire au tableau noir : *10 litres d'air pèsent environ 13 grammes.*

III

L'atmosphère, sa hauteur, ses couches. — L'air entoure notre globe de toutes parts, sur la mer aussi bien que sur la terre; on estime qu'il forme une couche de 80 à 100 kilomètres d'épaisseur, soit 20 à 25 lieues. Au-dessus, c'est le vide, l'espace infini dans lequel se meuvent les astres. Cette couche d'air se nomme *atmosphère;* sa hauteur n'est guère que la 60,000ᵉ partie du rayon de la terre; une dragée formée par un noyau de noisette recouvert de sucre nous en donne l'idée : la noisette représente la terre, et la couche de sucre, l'atmosphère.

Vous avez eu à votre disposition un ballon rempli d'air, et vous savez bien qu'on peut le comprimer, c'est-à-dire, en diminuer le volume, en le serrant entre les mains; si, sur ce ballon, on posait une planchette chargée d'un poids, il s'aplatirait plus ou moins. Imaginez une pile de fromages mous assez élevée : pensez-vous que ces fromages conserveraient tous la même épaisseur? Ceux du bas, sous le poids des autres, se tasseront, se condenseront, deviendront plus serrés, plus compacts. Il en est ainsi de l'air atmosphérique : les couches inférieures sont plus denses que les couches supérieures; la densité de l'air diminue donc à mesure qu'on s'éloigne de la terre ; on dit alors que l'air est plus rare ou bien qu'il est raréfié. — Voilà d'autres connaissances à retenir; j'écris au tableau noir : *l'atmosphère, sa hauteur, ses couches de densité variable.*

L'air est résistant. — L'air n'est pas seulement pesant, il est résistant. — Résister, c'est ne pas céder à l'action exercée par un corps ou par une force : le fer résiste au choc du marteau; les différents bois sont plus ou moins résistants; les gaz, les liquides et les solides présentent une gradation ascendante de résistance. L'air se comprime, diminue sous la pression qui le pousse, mais ne disparaît jamais complètement. Suivez avec attention ce qui va se passer sous vous yeux. Voici un bocal transparent, pour que vous distinguiez bien, et rempli d'eau; sur cette eau, je place un petit disque de liège, un flotteur; d'autre part, voici un verre à boire, vide de tout liquide, mais non vide d'air; je le renverse sur l'eau, au-dessus du flotteur, et je l'enfonce dans le liquide; que remarquez-vous? La coupe du verre est submergée totalement; mais le flotteur, qui indique la surface de l'eau sous le verre, ne monte pas jusqu'au fond de ce dernier; il faut bien en conclure que l'air s'est opposé à l'envahissement de l'eau, que l'air a résisté à l'eau dans une certaine mesure; donc l'air est résistant, et, attendu qu'il a diminué de volume, nous ajouterons qu'il est compressible. Si, sur le flotteur de liège, j'avais disposé une petite bougie allumée, elle aurait brûlé, pendant quelques instants, au sein de la masse liquide. Je vous ferai prochainement cette expérience, dont nous tirerons d'autres conséquences curieuses et utiles.

IV

La cloche du plongeur. — Si une mouche s'était posée sur le flotteur au moment où je l'ai emprisonné sous le verre, elle aurait pu vivre dans l'eau jusqu'à ce qu'elle eût rendu irrespirable l'air tenu captif. Au verre à boire, substituez une grande cloche de tôle, avec de petites fenêtres garnies de vitres très épaisses, disposez à l'intérieur et assez haut des bancs sur lesquels un homme puisse se placer; au haut de la cloche suspendez un poids très lourd;

faites asseoir un ouvrier sur le banc et descendez le tout au fond d'une rivière profonde : l'eau s'arrêtera à une certaine hauteur sous la cloche, sans atteindre l'ouvrier, qui pourra explorer le fond, et même saisir les objets submergés. Cet appareil est la *cloche du plongeur.*

Chambre à air comprimé.—Vous avez vu lancer de l'eau à l'aide d'une pompe à incendie : on construit des pompes qui injectent de l'air, comme d'autres injectent de l'eau. A la cloche dont je viens de vous parler, adaptons un tuyau qui permette d'y introduire de l'air en grande quantité : qu'arrivera-t-il? — l'eau de la cloche sera complètement refoulée; l'ouvrier pourra travailler sur le sol, le creuser, y établir une maçonnerie sans être inquiété par l'eau environnante. L'air emprisonné serait promptement irrespirable, si l'on n'avait la précaution d'en assurer l'évacuation en même temps que l'on injecte de l'air frais. Voilà le principe de la *chambre à air* comprimé, grâce à laquelle on construit aujourd'hui les piles d'un pont sans être obligé de détourner le cours d'eau.

Le scaphandre.—Les appareils que je viens de vous décrire sont volumineux et d'un maniement difficile; on les remplace avantageusement, depuis un certain nombre d'années, dans quelques circonstances, par le *scaphandre* (homme-barque), qui permet à un homme de descendre sous l'eau et de s'y mouvoir assez facilement. Le scaphandre est une enveloppe imperméable qui recouvre la tête, le tronc et les membres d'un ouvrier, en laissant, entre elle et le corps de l'homme, un espace dans lequel on injecte de l'air, au moyen d'une pompe, comme dans la chambre à air comprimé. Cette enveloppe aérienne tend à transformer l'homme en ballon, disposé à remonter sur l'eau : pour combattre ce résultat nuisible, l'ouvrier porte des chaussures à semelles de plomb et sur les épaules une pèlerine de même métal. Le casque est pourvu de fenêtres en verre épais, en face des yeux. Au moyen de cet appareil, un homme peut descendre à une grande profondeur sous l'eau, visiter la coque d'un bateau ou d'un navire, rechercher et faire enlever les objets perdus.

Résumons par quelques mots ces nouvelles connaissances: *l'air est résistant; cloche du plongeur; chambre à air comprimé; scaphandre.*

V

L'air presse dans tous les sens les objets qu'il environne. — Presser signifie pousser. Par la force de mes bras, je puis pousser un objet de haut en bas, de bas en haut, de la droite vers la gauche ou de la gauche vers la droite, d'avant en arrière ou d'arrière en avant. Il en est ainsi de l'air par rapport à un objet qui n'est plus pressé autant d'un côté que du côté opposé.

Pression de haut en bas. — Voici une carafe et un œuf cuit dépouillé de sa coquille; je pose l'œuf à l'entrée du goulot, où il s'arrête; il y a de l'air dessus et dessous; l'air pousse également de bas en haut et de haut en bas. Je vais diminuer la poussée de bas en haut, en laissant entière la poussée de haut en bas. Pour réaliser cette condition, je projette dans la carafe des fragments de papier enflammé; sous l'influence de la chaleur produite, l'air contenu dans le vase augmente de volume, devient plus léger et s'échappe en partie du récipient; il n'y a plus égalité entre la pression de bas en haut et la pression de haut en bas; celle-ci est la plus énergique; aussi voyez ce qui se produit : obéissant à la pression de haut en bas, l'œuf pénètre dans le goulot, en s'allongeant, arrive dans la partie évasée, et tombe rapidement. Ceci montre bien que l'air presse de haut en bas.

Pression de bas en haut. — Vous avez reconnu que l'air presse avec énergie de haut en bas et latéralement; mais exerce-t-il aussi une pression de bas en haut? Avant de me répondre, suivez attentivement ce qui va se passer sous vos yeux. Voici un verre rempli d'eau jusqu'au bord; sur le haut, j'applique un carré de papier un peu plus grand que l'orifice du verre; j'appuie sur le papier la paume de la main gauche, je retourne le verre de la main droite, et le tiens par le fond, renversé vers le bas, puis j'enlève la main gauche. Vous constatez que le liquide ne tombe pas, qu'il est poussé de bas en haut contre le fond. Donc la pression atmosphérique s'exerce de bas en haut comme dans les autres sens.

Rappelons par quelques mots ces nouvelles notions : *l'air presse dans tous les sens les objets qu'il environne.*

VI

Évaluation de la pression atmosphérique.— La pression atmosphérique est une force, c'est-à-dire une cause capable de produire
un mouvement. Les forces s'évaluent en kilogrammes. Jules, par
exemple, est capable de soulever les limons d'une brouette chargée de sable; je puis obtenir le même résultat au moyen d'une
corde engagée dans une poulie (*dessiner au tableau*) et portant à
son autre bout un poids suffisant, 42 kilogrammes par exemple.
Nous dirons que Jules a une force de 42 kilogrammes.

La pression de l'air se détermine en poids, comme vous allez
le voir. Je prends ce tube de verre, ouvert par un bout, fermé à
l'autre extrémité, d'une longueur de 90 centimètres. Vous voyez
dans ce flacon un métal liquide, le mercure, d'un très beau blanc,
remarquable par son poids considérable. Passez-vous le flacon
de main en main, pour vous rendre compte de ce poids; mais
prenez des précautions pour ne pas le laisser tomber. Rendez-
moi mon flacon. A volume égal, le mercure pèse 13,60 fois autant que l'eau pure; par conséquent 1 centimètre cube de mercure
pèse 13^g,60, et 1 litre 13^{kg},60. Retenez ce nombre. Je remplis
de mercure le tube, en inclinant ce dernier pour que l'air puisse
s'échapper; je verse dans un bol le reste du mercure. Suivez-moi
désormais très attentivement : je vais boucher l'orifice avec mon
index gauche et renverser le tube dans le mercure du bol;
vous me direz ensuite ce qui se sera passé à l'autre bout du tube.
Voyez, le tube est parfaitement plein; je le retourne, je plonge
le bout dans le mercure; le tube est toujours plein; je retire mon
doigt. Qu'avez-vous observé, Louis? que le mercure ne remplit
plus le tube, qu'il est descendu de plus de 10 centimètres.
Vous avez raison. Essayez tous de bien comprendre le phénomène dont vous êtes témoins : l'air presse sur la surface du mercure tout autour du tube, mais il ne peut rien sur le mercure
contenu dans le tube, puisque celui-ci est fermé par le haut : la
pression de l'air a donc la même force que la colonne de mercure
renfermée dans le tube. Venez ici, Joseph; prenez le mètre, et
mesurez la distance entre la surface du mercure dans le bol,
dans la cuvette, et le sommet de la colonne dans le tube. Il y a
un peu plus de 75 centimètres, environ 755 millimètres.

Rappelez-vous maintenant que le mercure pèse 13,60 fois au-

tant que l'eau, et qu'une colonne de mercure de 755 millimètres
fait équilibre à la pression atmosphérique; au lieu d'introduire
du mercure dans un tube fermé par le haut, si j'employais de
l'eau pure, la hauteur de la colonne d'eau devrait être 13,60 fois
aussi grande, c'est-à-dire $o^m,755 \times 13,60 = 10^m,31$. Vous voyez
qu'il faudrait un fameux tube pour répéter avec de l'eau l'expérience que j'ai faite avec du mercure. Cette expérience a été
réalisée à Paris, près de la tour Saint-Jacques, par un savant
du nom de Pascal (1623-1662), et c'est en souvenir de cet évé-
nement que la statue du célèbre physicien a été placée sous la
tour que je viens de nommer.

Continuons cet intéressant sujet. Vous savez que la terre est
ronde, mais que ce n'est pas un globe parfait; qu'on y trouve
des parties basses et des parties élevées; que les fleuves vont en
descendant depuis leur source jusqu'à leur embouchure dans la
mer. La mer a partout la même hauteur, le même niveau, et ce
niveau est le point de repère auquel on rapporte toutes les hauteurs terrestres : quand on nous parle de collines de 400 mètres,
de montagnes de 3,000 mètres, on nous signale des collines et
des montagnes qui ont une élévation de 400 mètres ou de
3,000 mètres au-dessus du niveau de la mer. Dessinons une partie de la circonférence de la terre à partir du niveau de la mer,
figurons le sol d'un bassin, depuis l'embouchure jusqu'à la source
de son cours d'eau principal; ce sol évidemment va être mon-
tant; au-dessus, traçons la ligne supérieure de l'atmosphère, parallèle à la ligne qui représente la mer; marquons enfin la hauteur de la couche d'air en différents points. Que constatons-nous?
que la plus grande épaisseur de l'atmosphère se trouve au niveau
de la mer, et que cette épaisseur diminue à mesure que le terrain s'élève. Et que doit-il en résulter? Évidemment que la hauteur du mercure dans le tube diminue lorsque l'altitude augmente.

A Paris, près du pont Saint-Michel, l'altitude de la berge est
est de $29^m,70$; elle est de $57^m,54$ au pied du Panthéon; la
hauteur de la colonne de mercure y est moindre qu'au bord de
la mer, où elle a été trouvée de $o^m,76$ ou 760 millimètres; la
colonne d'eau y serait de $o^m,76 \times 13,60 = 10^m,33$.

Il est facile maintenant de calculer l'énergie de la pression
atmosphérique. Admettons que la base du tube à eau ait une
surface de 1 centimètre cube ; sa hauteur étant $10^m,33$ ou $1,033$

centimètres, son volume sera 1,o33 centimètres cubes et son poids 1,o33 grammes ou 1^{kg},o33. Ainsi la pression atmosphérique est égale à 1^{kg},o33 par centimètre carré, à 1o3^{kg},3o par décimètre carré, à 1o,33o kilogrammes par mètre carré.

Le corps d'un homme ayant une surface extérieure d'environ 1 mètre carré et demi, supporte une pression d'environ 15,ooo kilogrammes. Ce résultat vous étonne, vous effraye même, je le conçois; mais n'oubliez pas que les pressions de divers sens se contre-balancent et se détruisent. Elles sont nécessaires à notre existence ; vous apprendrez bientôt que notre sang arrive à la surface de notre corps dans des tubes très petits, appelés vaisseaux capillaires, et à parois si minces que le moindre choc les déchire. Le même accident se produit quand la pression atmosphérique diminue considérablement, ce qui est arrivé plus d'une fois aux aéronautes parvenus à une très grande hauteur; ils saignaient par le nez, par la bouche et même par les oreilles.

Ainsi, il doit donc être entendu que l'atmosphère presse autant qu'une couche de mercure de 0^m,76 ou qu'une couche d'eau de 10^m,33, soit 1^{kg},o3 par centimètre carré; et quand vous lirez ou qu'on dira devant vous qu'une chaudière fonctionne à 4, 5, 6,.... atmosphères, cela devra signifier pour vous que la vapeur emprisonnée à l'intérieur presse sur les parois à raison de 4 fois, 5 fois, 6 fois,.... 1^{kg},o3 par centimètre carré.

Pénétrons, par la pensée, dans l'eau, à une profondeur de 6 fois 10^m,33 ou 61^m,98; en ce lieu la pression sera de 6 + 1 ou 7 atmosphères ou 7^{kg},231 par centimètre carré ; autour d'un homme, elle serait de 108,465 kilogrammes!

Fixons maintenant sur le tableau ce que nous venons d'apprendre : *La pression atmosphérique au niveau de la mer, est égale à celle d'une colonne de mercure de 0^m,76 de hauteur; elle équivaut à 1^{kg},o3 par centimètre carré.*

Ces connaissances étant acquises, il vous sera facile de comprendre le jeu du baromètre, du siphon, de la pipette, de la pompe aspirante, et d'autres choses encore, dont je vous parlerai dans les prochaines leçons.

VII

LEÇONS DE CHIMIE. — Les premières notions de chimie sont données au cours supérieur seulement. Elles sont assez difficilement mises à la portée des élèves, parce qu'il est rare que l'on puisse faire appel à leurs observations particulières ; tout enfant, surtout à la campagne, a constaté qu'un seau d'eau semble plus léger quand il est plongé dans l'eau que quand il se trouve hors du liquide, mais on en rencontre peu qui aient été frappés par des phénomènes chimiques. L'instituteur doit donc se résigner au rôle principal dans cet enseignement.

Le programme est contenu dans deux lignes : *idée des corps simples, des corps composés; métaux et sels usuels.* L'organisation pédagogique en projet pour les écoles de la Seine y consacre huit leçons, en décembre et en janvier; vous êtes donc forcés de vous en tenir aux faits essentiels. Néanmoins, il est à souhaiter que, dans le cours de ces huit leçons, les enfants puissent acquérir une notion suffisante des principaux corps dont nous sommes environnés, ainsi que des phénomènes chimiques les plus remarquables, comme la combustion, la fermentation, la putréfaction, etc. Ce sera une introduction fort utile aux leçons d'hygiène et de culture du sol; il se pourrait même que ces modestes études donnassent l'éveil à quelques vocations.

De toutes les parties de cet enseignement, la plus difficile est assurément la première leçon, car il faut aborder des choses à peu près complètement nouvelles, et employer, quoi que l'on fasse, des expressions pour la plupart inconnues. Cette considération nous a décidé à exposer devant vous la première leçon de chimie.

Leçon. — Mes enfants, nous avons étudié ensemble les principaux phénomènes de la physique, ce qui vous a permis de comprendre le jeu du baromètre, de la pompe aspirante, du thermomètre, de la machine à vapeur, du paratonnerre, du télégraphe électrique, etc... ; vous avez une idée suffisante de la production du vent, de la formation des nuages et de la pluie, de l'origine de la rosée, etc... Jusqu'ici, nous n'avons examiné les corps que par le dehors, pour nous rendre compte des actions qu'ils exercent les uns sur les autres, à une distance plus ou moins grande, sans s'attirer mutuellement.

Nous devons maintenant aborder une autre étude et apprendre de quelles substances sont formés les différents corps qui nous environnent; ce qui arrive lorsque ces corps s'unissent les uns aux autres, quand un être vivant, animal ou plante vient à mourir. Voici, par exemple, la clef de mon bureau : elle est construite en *fer;* elle est fort dure, et je puis la laisser tomber sans qu'elle se brise; voici, d'autre part, une lime d'*acier*, avec laquelle je puis détacher de ma clef quelques parcelles de fer, ce qui prouve évidemment que l'acier est plus dur que le fer; enfin, voici un couvercle de marmite; il est en *fonte*, et je me garde bien de le laisser tomber, car il se romprait très probablement. Vous avez pu croire, jusqu'à présent, que ces trois métaux, fonte, fer et acier, étaient très différents l'un de l'autre; en cela, vous vous trompiez : la fonte n'est autre chose que du fer associé à une petite quantité de charbon et à des matières terreuses changées en un verre grossier; l'acier est simplement du fer uni à du charbon; on extrait la fonte d'un minerai, puis on transforme la fonte en fer et le fer en acier. Vous connaissez le sucre et l'eau-de-vie, mais vous ignorez probablement que l'un et l'autre sont formés de trois substances : le carbone, qui est solide, l'hydrogène et l'oxygène, qui sont des gaz; en soumettant à la fermentation une liqueur sucrée, on transforme son sucre en alcool, en eau-de-vie. La farine des céréales est formée de deux farines, le gluten et l'amidon; par la germination de la graine, l'amidon se change en sucre, et, par la fermentation, ce sucre devient de l'alcool; voilà en deux mots l'histoire de la fabrication de la bière. Vous avez eu entre les mains un morceau de vieux linge : ce tissu est formé d'une matière appelée cellulose; en faisant séjourner la cellulose dans un liquide acide, on obtient d'abord une substance appelée dextrine, puis on change cette dextrine en sucre.

Voilà certainement des choses très surprenantes et fort utiles à connaître. La science qui les enseigne se nomme *chimie*. Qu'est-ce donc que la chimie? — Une science qui apprend la composition des corps, qui en fait connaître les propriétés intérieures, qui révèle les actions qu'ils produisent les uns sur les autres, lorsqu'ils s'altèrent mutuellement.

<h2 style="text-align:center">VIII</h2>

Corps simples et corps composés. — Le nombre des êtres vivants ou inanimés, animaux, plantes, minéraux, est immense; cependant, vous allez être surpris quand je vous aurai dit que cette multitude d'animaux ou d'objets si différents les uns des autres, ne renferme pas plus de *64 substances simples* ou *corps simples*, c'est-à-dire dans chacune desquelles jusqu'à présent, on n'a trouvé qu'une seule espèce de matière : le fer, le cuivre, l'or, le soufre, etc... quand ils sont purs, ne contiennent que du fer, du cuivre, de l'or ou du soufre.

Il y a plus, c'est que, parmi ces 64 corps simples, il n'y en a pas même la moitié qui soit très répandue. J'en ai compté 26 dont je devrai vous parler, savoir :

17 métaux : fer, cuivre, étain, plomb, mercure, zinc, argent, or, platine, aluminium, antimoine, nickel, potassium, sodium, calcium, magnésium, manganèse.

Vous soupçonnez l'idée que suggère le mot *métal :* substance dure, pesante, douée d'un brillant particulier qu'on appelle éclat métallique, se laissant aisément parcourir par la chaleur et par l'électricité.

Les 9 autres corps sont des métalloïdes, c'est-à-dire des substances peu dures, peu pesantes, dépourvues d'éclat métallique. Ce sont : l'oxygène, l'azote, l'hydrogène, le chlore, qui sont des gaz; le carbone, le soufre, le phosphore, l'iode et le silicium, qui sont des corps solides.

Mais si le nombre des corps simples est peu considérable, celui des *corps composés* est immense. Un corps composé est celui qui est formé de plusieurs substances unies entre elles : l'eau, par exemple, formée d'hydrogène et d'oxygène, est un corps composé; il en est de même du sucre, formé de carbone, d'hydrogène et d'oxygène; du pétrole, constitué par du carbone et de l'hydrogène; du sel de cuisine, formé de chlore et de sodium; du verre, composé de sable, de soude et de chaux.

Les chimistes savent décomposer les corps pour en connaître les éléments; c'est par eux que nous avons appris de quoi sont formées les différentes substances que nous connaissons. Je n'ai pas les instruments nécessaires pour en faire autant devant vous, mais je profiterai de leurs travaux pour vous désigner ce que l'on trouve dans les corps composés les plus répandus.

Reproduisez, aussi bien que possible, ce que je vous ai dit à propos des mots : *chimie, corps simple, corps composé, métaux, métalloïdes.*

IX

Oxygène : *préparation, propriétés.* — Je me propose de vous faire connaître la nature de l'air atmosphérique, dont nous avons étudié les propriétés physiques.

L'air est un *mélange* de deux gaz ; *l'oxygène* et *l'azote*, dont il nous faut reconnaître et apprécier les qualités.

J'ai réuni ce qu'il faut pour fabriquer de l'oxygène : quand vous aurez vu ce que produit ce corps, vous pourrez en parler avec connaissance de cause.

Voici un ballon de verre, dans lequel j'ai introduit une substance très riche en oxygène, et qu'on appelle *chlorate de potasse*, formée d'oxygène, de chlore et de potassium ; on en met une petite quantité dans la pâte des allumettes chimiques pour faire mieux brûler le soufre et le bois. La chaleur décompose le chlorate de potasse : l'oxygène s'échappera en grande partie, et il ne restera dans le flacon que du chlore uni au potassium, ce qui formera une substance nommée *chlorure de potassium*. Au col du ballon, au moyen d'un bouchon de bonne qualité, j'adapte un tube de verre deux fois courbé et se terminant par une troisième courbure plus courte. Voici un baquet rempli d'eau : j'y place une sorte de coupelle percée pour recevoir la courbure du tube et qu'on appelle un têt à gaz ; voici encore des *éprouvettes* destinées à recueillir le gaz ; regardez comme je dispose une éprouvette : je la couche dans l'eau, je la retourne et la pose sur le têt, où elle reste pleine. J'ai préparé plusieurs flacons que nous disposerons de la même manière, tout à l'heure, pour avoir du gaz en quantité suffisante. Quand ils seront remplis d'oxygène, nous les tiendrons renversés dans l'eau, le goulot en bas. Je place le ballon sur l'anneau du support, puis, au moyen de cales, je dispose le tout de manière que le tube repose au fond du baquet, sous le têt. Au début de l'opération, nous ne mettrons pas d'éprouvette, parce que ce sera simplement l'air du flacon qui s'échappera ; quelques instants après, je placerai une éprouvette pleine d'eau : vous verrez alors de grosses bulles s'élever dans le liquide, se loger à la partie supérieure, et refouler l'eau, qui disparaîtra de l'éprouvette ; celle-ci sera remplie d'oxygène, et nous la remplacerons par une autre. Il faut redouter que l'eau ne monte dans le flacon encore chaud, ce qui pourrait le briser : vous vous tiendrez à une distance suffisante.

Tout est bien en place : je place la lampe à alcool sous le ballon, et ne mets aucune éprouvette sur le têt.....; voilà l'air qui s'échappe.....; les bulles d'air ne se montrent plus, je dispose une éprouvette.....; voilà le gaz qui arrive,.....

l'éprouvette se vide d'eau ;..... elle est remplie d'oxygène ; je la remplace par une autre,..... puis par une autre, et par une autre encore..... Le dégagement faiblit ; j'enlève le têt, puis le support et je laisse encore la lampe un moment, jusqu'à ce que l'eau contenue dans le bas du tube ait disparu... C'est fait, il n'y a plus rien à craindre, et j'éteins ma lampe.

Étudions maintenant l'oxygène à notre aise. Il est un peu plus lourd que l'air, nous pouvons le conserver dans le flacon ayant le goulot en haut. Que remarquez-vous? — Rien, parce que l'oxygène est incolore. — Venez le flairer, Gustave, et dites ce que vous sentez. — Il ne sent rien. Aspirez-en un peu par la bouche, comme moi. — Il n'a pas de goût, pas de saveur. — Vraiment y a-t-il, dans ce vase, autre chose que de l'air ordinaire? Vous allez en juger: voici une bûchette presque éteinte ; je la plonge dans une éprouvette remplie d'air, et presque aussitôt toute lumière disparaît. Répétons l'expérience dans le flacon d'oxygène.....; le point en ignition s'agrandit, une flamme vive apparaît..... Il y a donc là autre chose que de l'air atmosphérique. — Voici un petit morceau de charbon que j'ai fixé au bout d'un fil de fer ; je vais allumer l'extrémité du charbon et le plonger dans une autre éprouvette..... : il rougit et flambe.— Voici un autre charbon, attaché à un fil très fin : suivez bien...; le charbon flambe.....; à son tour le fer brûle et projette des paillettes enflammées..... J'ai réservé le dernier flacon pour une autre expérience : voici quelques hannetons (ou une souris) ; plaçons-les d'abord dans un flacon rempli d'air, puis examinons leur contenance ; — introduisons-les ensuite dans une éprouvette d'oxygène : ils s'agitent comme s'ils éprouvaient une vive surexcitation.....

Concluons : *l'oxygène est un gaz incolore, inodore, sans saveur, un peu plus lourd que l'air ; il excite vivement la combustion et la respiration, ou plutôt il est le principe même, la cause déterminante de la combustion et de la respiration.*

Au lieu d'être formée d'air ordinaire, si l'atmosphère était constituée par de l'oxygène pur, toutes les combustions seraient d'une vivacité extraordinaire, l'incendie allumé ne pourrait être éteint ; les hommes et les animaux auraient une activité dévorante qui les épuiserait en peu d'années.

L'oxygène n'est pas seulement le principe des *combustions vives*, il est aussi la cause des *combustions lentes* ; il tend à s'unir, à se

combiner avec la plupart des autres substances : à son contact,
les bois, les tissus s'usent, se brûlent insensiblement ; beaucoup
de métaux se recouvrent d'une couche de matière qui n'est autre
chose qu'un composé formé d'oxygène et d'une portion de métal,
et que l'on appelle un *oxyde :* oxyde de fer, de cuivre, de plomb,
de zinc. Cette disposition à se combiner avec les métaux pour
former des oxydes lui a fait donner le nom d'*oxygène* ou produc-
teur d'oxydes. — Sa tendance à s'unir aux métalloïdes, ou,
comme disent les savants, son affinité pour les métalloïdes est
encore plus énergique : à froid et dans l'air, le phosphore s'en-
flamme spontanément et l'on est obligé de le mettre dans l'eau
pour le conserver ; au contact d'une flamme, le soufre brûle avec
énergie..... Le résultat de cette union, de cette combinaison,
est un gaz *acide*, c'est-à-dire une substance de saveur aigre, qui
rougit les couleurs bleues d'origine végétale et presque toujours
désorganise les tissus végétaux ou animaux. Dans l'industrie, on
associe ces gaz à l'eau pour en rendre le transport possible : ainsi
l'acide sulfurique ou vitriol résulte de la combinaison du soufre
et de l'oxygène ; l'acide azotique ou eau forte est le produit de
l'union de l'oxygène et de l'azote ; l'acide acétique ou vinaigre est
le résultat de l'oxydation du vin ou d'une autre boisson fermen-
tée (bière, cidre).

Enfin, pour terminer, j'ajouterai que l'oxygène tend à s'unir à
toutes les matières d'origine animale ou végétale privées de vie,
et qu'il en change singulièrement les qualités : au contact de
l'air, c'est-à-dire de l'oxygène, la viande se corrompt, le beurre
rancit, l'huile à manger contracte un goût désagréable...

Le second élément de l'air est l'*azote*, qui a des propriétés
diamétralement opposées à celles de l'oxygène, comme vous le
verrez dans notre prochaine leçon.

Revoyons ce que je viens de dire : *préparation de l'oxygène,
propriétés chimiques de l'oxygène, oxydes, acides, action de l'oxygène
sur les substances organiques.*

X

Histoire naturelle. — Ainsi que vous avez pu le remarquer,
l'histoire naturelle est inscrite au programme de chacun des trois
cours de l'école primaire ; il doit être parlé de l'homme, par

exemple, dans chacune des divisions, mais dans une mesure en rapport avec l'âge et le degré d'instruction des enfants. Cette mesure est indiquée par les programmes eux-mêmes : au cours élémentaire, observation des objets et des faits ; au cours moyen, description sommaire du corps humain et idée des principales fonctions de la vie ; au cours supérieur, notions sur la digestion, la circulation, la respiration, le système nerveux, les organes des sens. En d'autres termes, avec les enfants du cours élémentaire il convient surtout de s'occuper de ce qui est apparent, des actes qui s'accomplissent, sans donner des explications qui ne pourraient être saisies ; avec ceux du cours moyen, l'enseignement doit être plus sérieux et mettre en lumière les fonctions vitales ; au cours supérieur, on décrira suffisamment l'organisme et l'on donnera une explication élémentaire des actes qui s'y opèrent.

A Paris, pour cet enseignement, les écoles trouvent d'importantes ressources dans les tableaux Deyrolle : ne pas s'en servir, c'est se priver d'un concours précieux.

Pour donner à ma pensée toute la précision possible, à propos de la méthode à suivre et de la mesure à garder, je vais supposer une leçon à faire sur la tête au cours élémentaire, au cours moyen et au cours supérieur.

Une leçon sur la tête de l'homme. — Cours élémentaire. — Il s'agit ici d'une leçon de choses : notre but est d'habituer l'enfant à l'observation, de lui apprendre à distinguer les choses et à les désigner par leurs véritables noms ; c'est à la fois une leçon instructive et un exercice de langage. Nous emploierons la méthode socratique.

Le Maître. — Nous allons étudier notre *tête :* je vous interrogerai séparément, et chacun de vous répondra à son tour. — Epelez le mot *tête,* Jules, puis je l'écrirai au tableau.... Où est-elle placée, Joseph ? — En haut. — Est-elle tout notre corps ? — Une partie seulement. — De quel mot se sert-on pour désigner ce qui est en haut ? Du mot *supérieur.* La tête est la partie supérieure du corps. — Quel est le contraire de supérieur ? — C'est le mot *inférieur.* — Employez-le avec le mot *jambes* au pluriel. — Les jambes sont les parties inférieures du corps. — Avez-vous vu des hommes privés de bras ou de jambes, Louis ? — . . .

En avez-vous vus privés de tête?... Qu'est-ce que cela prouve?
— Que la tête est absolument nécessaire à la vie. — Réunissez
les deux phrases que nous avons formées : *La tête est la partie
supérieure du corps, elle est absolument nécessaire à la vie.* — Quand
vous voulez vous rappeler quelque chose, faire un calcul, est-
ce votre main ou votre pied qui se met en travail? — C'est la
tête. — Oui, la tête contient une substance blanche et molle,
qui fait que nous pouvons penser et réfléchir: on l'appelle?...
Il m'est arrivé d'entendre dire qu'un homme n'avait pas de cervelle, était-ce bien exact?... Que voulait-on marquer?...

Qu'avons-nous sur la tête, Gustave? — Des *cheveux.* — Comment se nomme la réunion de tous les cheveux d'une personne?
— Chevelure. — A quoi servent les cheveux, Louis?... Notre
corps est si bien disposé, si bien organisé, que chacune de ses
parties a un rôle utile; cherchons bien, nous trouverons peut-
être. Vous connaissez sûrement un vieillard qui a perdu ses cheveux, qui est?... *Chauve*... Si vous et lui receviez sur la tête
une pierre de grosseur moyenne, éprouveriez-vous une douleur
égale? — J'aurais moins mal que le vieillard, à cause de mes
cheveux. — A quoi donc servent les cheveux? — *A protéger la
tête contre les chocs, contre les coups.* — En hiver, le vieillard reste-
t-il tête nue dans sa chambre?... Et vous?... Concluez...
Les cheveux servent aussi à défendre la tête contre le froid.

Nos cheveux grandissent assez rapidement; pour qu'il soit
plus aisé de les tenir propres, nous les faisons couper: l'opération
est-elle bien douloureuse, Étienne? — On ne sent rien. — Comment énonceriez-vous ce fait? Vous diriez?... — *Les cheveux
sont insensibles.* — Avons-nous d'autres parties du corps qui se
trouvent dans le même cas? — Les ongles. — Et les chevaux?
— Les poils, les crins. — Et aux pieds? — La corne. — Oui:
les cheveux, les poils, les crins, la corne sont une matière in-
sensible. — Qui de vous oserait s'arracher un cheveu? — Moi,
Monsieur. — Allez! Regardez attentivement; que voyez-vous?—
Il y a, au bas, un petit renflement, une espèce de racine. —
Votre réponse est exacte : ce renflement se nomme *bulbe.* Un cheveu a plus d'une ressemblance avec un oignon : comme l'oignon,
il a un bulbe, et, de plus, sa tige est creuse comme celle de
l'oignon. Oui, ce cheveu si fin est un véritable tuyau, un tube,
dans lequel se loge un liquide qui donne au cheveu sa couleur:
l'enfant blond, comme Lucien, a dans les cheveux une liqueur

blonde; dans mon enfance, le liquide de mes cheveux était presque noir; il est devenu blanc avec les années. . . . .

Ce fragment de leçon suffit pour montrer dans quel esprit il convient de présenter l'histoire naturelle aux jeunes enfants.

Cours moyen. — La nécessité d'aller vite nous oblige à renoncer à l'interrogation socratique pour employer la méthode d'exposition. A mesure que nous prononçons des noms nouveaux, nous les écrivons au tableau noir. Nous nous contentons des lignes principales, des traits les plus importants. Si nous disposons d'une tête d'animal ou d'un bon dessin, nous ne manquerons pas de nous en servir pour notre démonstration.

La tête de l'homme se compose de deux parties principales : le *crâne* et la *face.*

Le crâne occupe les parties supérieures, latérales et postérieures de la tête; c'est une boîte creuse, osseuse, à parois d'épaisseur variable, percée de trous assez nombreux, destinée à loger et à protéger la cervelle, substance molle, qui est l'organe et le siège des facultés intellectuelles de l'homme; c'est à l'aide de la cervelle que nous acquérons la notion des formes, des couleurs, des odeurs, des distances; que nous pensons, que nous retenons, que nous voulons, que nous ordonnons le mouvement à ceux de nos organes qui obéissent à notre volonté. Toute altération dans la substance de la cervelle entraîne sinon la mort, du moins des infirmités graves ou l'affaiblissement et quelquefois la perte de la raison. Il était donc utile de la mettre convenablement à l'abri des violences extérieures, et c'est ce que la nature a fait en la logeant dans une cuirasse osseuse.

Le crâne est formé par huit os qui se soudent les uns aux autres par leurs bords, et dont les principaux sont : le *frontal,* en avant et en haut de la tête; l'*occipital,* à la partie postérieure et inférieure de la tête; les deux *temporaux;* dans la région des tempes, et les deux *pariétaux,* en arrière du frontal, sur les côtés. Le frontal est creusé de deux cavités, les orbites, destinés à loger les yeux. L'occipital repose sur la colonne vertébrale; il est percé d'un gros trou par lequel la substance cérébrale passe pour se prolonger dans le canal vertébral et former les nerfs. — Les deux temporaux contiennent les différentes parties des oreilles.

La face est composée de 14 os, dont les principaux sont : le *maxillaire inférieur,* qui forme la charpente de la mâchoire inférieure et qui seul est mobile; les *maxillaires supérieurs*, qui constituent la mâchoire supérieure; les *os palatins*, qui ferment la bouche par le haut; les *os malaires*, qui produisent les pommettes de la face, et les *os propres* du nez, qui se logent sous le frontal et forment la charpente supérieure du nez.

Cette enveloppe osseuse, quand elle est dépouillée de toutes ses parties charnues, présente de nombreuses saillies et de nombreuses cavités, qui toutes ont leur destination; en premier lieu, ce sont les *muscles* ou cordons charnus, élastiques, capables de s'allonger et de se raccourcir, qui mettent en mouvement les parties mobiles; il y a des muscles pour faire tourner les yeux en divers sens; il y en a pour plisser la peau du front, pour rapprocher la mâchoire inférieure de la mâchoire supérieure; la langue elle-même est un muscle que nous mettons en mouvement dans la mastication et dans la production de la parole. Les muscles recouvrent les os et sont enveloppés par la peau, qui a aussi des fonctions diverses; enfin, entre la peau et les muscles, il se forme des dépôts de graisse, qui comblent les saillies et arrondissent les angles; l'absence de graisse produit les rides du visage.

Cours supérieur. — L'énumération qui précède est très suffisante pour le cours supérieur; il suffit d'y ajouter quelques détails ayant trait à l'hygiène ou aux précautions à prendre pour éviter les accidents. Exemples : au moment de la naissance d'un enfant, ses os ne sont pas formés dans toute leur étendue, ils sont mous, cartilagineux sur leurs bords; leur soudure est faible ou incomplète; de là résulte la nécessité de ne pas comprimer la tête des jeunes enfants, de veiller avec un grand soin à ce qu'ils ne tombent pas sur le crâne. — La tête repose sur la première vertèbre, appelée *atlas*, à laquelle elle est soudée à demeure; le mouvement de rotation de la tête s'accomplit entre l'atlas et la seconde vertèbre, nommée *axis;* ces deux vertèbres sont retenues l'une à l'autre par de simples ligaments; il est très imprudent de soulever un enfant par la tête : on s'expose à lui rompre la moelle épinière et à le frapper de mort. — Les cavités orbiculaires du frontal sont à parois fort minces : aussi arrive-t-il aisément qu'un bâton lancé obliquement au-dessus de l'œil brise la paroi de l'orbite, pénètre dans la cervelle et cause une mort immédiate. Quand on traitera de la digestion, on signalera l'action corrosive

de l'alcool sur la muqueuse de l'estomac, action qui entraîne la
suppression de la production du suc gastrique et par là même
trouble la digestion; quand viendra la leçon sur le système nerveux, on fera voir que l'abus des liqueurs fortes atrophie la substance cérébrale, en ralentit la fonction et conduit rapidement
à la perte de l'intelligence, au tremblement sénile, à la mort prématurée; l'étude des fonctions de la peau conduira naturellement
à faire ressortir la nécessité de la propreté et l'avantage des
bains, comme l'étude des gaz et des poussières de l'air montrera
aux élèves l'importance d'une habitation saine.

Comme vous le voyez, ce qu'il convient de rechercher dans
l'enseignement des sciences physiques et naturelles, ce n'est pas
de remplir la tête des enfants de mots techniques dont ils puissent faire étalage, mais bien de leur fournir des connaissances
positives qui leur élèvent l'esprit et leur permettent de s'intéresser aux phénomènes de la nature, d'exercer leur profession
avec intelligence et avec profit.

APPENDICE.

**Sujets de la composition écrite aux examens du Certificat
d'aptitude pédagogique.**

Ire PARTIE.

DE 1881 À 1886 INCLUSIVEMENT.

Octobre 1881.

(Aspirants.)

Sur la tenue de l'école et les procédés d'enseignement. Quel est le système de récompenses et de punitions que vous avez adopté dans votre
classe. Expliquez les motifs qui vous ont déterminé.

(Aspirantes.)

Vous êtes institutrice dans une commune rurale et vous avez voulu
organiser d'une façon sérieuse les travaux de couture; mais vous avez
rencontré des difficultés de plus d'une sorte. Écrivez à une de vos amies,
institutrice comme vous; exposez-lui ces difficultés, dites-lui comment
vous en avez triomphé, et finalement comment cet enseignement est
maintenant organisé dans votre école.

Juillet 1882.

(Maîtres des classes élémentaires des lycées et collèges.)

Exposez comment vous êtes parvenu à donner dans votre école un enseignement pratique et régulier de la morale. Quels procédés vous avez
employés. Quels obstacles vous ont arrêté. Quels résultats vous avez pu
constater.

Ne parlez et ne concluez que d'après votre propre expérience.

Octobre 1882.

(*Aspirantes.*)

De l'usage et de l'abus des exercices de mémoire.

(*Aspirants.*)

Comment peut-on tirer parti des tableaux, cartes et images qu'on distribue aujourd'hui dans les écoles, soit comme matériel d'enseignement, soit comme récompense aux élèves?

Juillet 1883.

(*Maîtres des classes élémentaires des lycées et collèges*).

De l'enseignement élémentaire de la langue française. Dans quelle mesure les exercices oraux doivent-ils être combinés avec les exercices écrits?

Octobre 1883.

(*Aspirants.*)

Des distributions de prix : quelle peut en être l'utilité comme moyen d'émulation? Quels peuvent être les inconvénients? Quelle en est, selon vous la meilleure forme d'une distribution de prix dans une école primaire?

(*Aspirantes.*)

Exposer comment vous avez procédé pour donner, conformément aux nouveaux programmes, le premier enseignement de la morale dans les classes du cours élémentaire et du cours moyen. Donner au moins un exemple.

Juin 1884.

(*Aspirants et aspirantes.*)

Moyen d'obtenir le concours des parents pour assurer dans l'école le travail et la discipline.

Juillet 1884.

(*Maîtres des classes élémentaires des lycées et collèges.*)

A quelles conditions les exercices de récitation seront-ils fructueux? A quoi sont-ils utiles?

Juin 1885.

(*Aspirants et aspirantes.*)

De l'exercice appelé dans nos écoles *copie* : en marquer les inconvénients.—Doit-il, peut-il être complètement proscrit? Si vous le maintenez, sous quelles formes et dans quelles conditions?

Avril 1886.

(*Aspirants et aspirantes.*)

On a dit quelquefois : « Savoir interroger, c'est savoir enseigner. » — Montrez ce qu'il y a de vrai dans cette pensée, et exposez la méthode d'interrogation que vous suivez dans votre enseignement.

Novembre 1886.

(*Session extraordinaire.*)

L'article 16 de l'arrêté ministériel réglant l'organisation pédagogique des écoles primaires porte : «Au commencement de chaque année scolaire, le tableau de l'emploi du temps par jour et par heure est dressé par le directeur de l'école, et, après approbation de l'inspecteur primaire, il est affiché dans les salles de la classe. »

Indiquez, dans un rapport à l'inspecteur primaire, quels principes vous ont guidé dans l'établissement des tableaux de l'emploi du temps pour chacun des cours de l'école ou de la classe que vous dirigez.

IIe PARTIE.

SESSION DE FÉVRIER 1887.

Ain.

De l'enseignement de la morale à l'école primaire. — Méthode à suivre et procédés à employer dans chacun des trois cours.

Aisne.

Quelle est la marche que vous suivez pour l'enseignement de *l'écriture* au cours élémentaire ou dans tout autre cours dont vous seriez chargé? Indiquez les raisons qui vous l'ont fait adopter de préférence à toute autre.

Allier.

La leçon de lecture doit-elle avoir pour but unique d'apprendre à lire aux enfants? — Dans le cas contraire, quel profit peut en tirer le maître dans chacun des trois cours de l'école primaire?

Alpes (Basses-).

De la préparation journalière de la classe; du carnet de préparation : montrez leur nécessité. Indiquez la méthode de préparation que vous employez dans votre classe.

Alpes (Hautes-).

Esquisser le plan d'un cours de géographie dans une école à un seul maître. Suivre autant que possible les programmes officiels.

Alpes-Maritimes.

Indiquer comment on peut faire servir les diverses parties du programme et, en particulier la lecture, à l'enseignement de la langue nationale.

Ardèche.

1° *Aspirants.* — Quelle part faites-vous au livre et à l'enseignement oral dans votre classe, particulièrement au point de vue de l'histoire et de la grammaire?

2° *Aspirantes.* — De l'enseignement des travaux manuels dans une école primaire de filles. Difficultés à vaincre. Quel est le but à atteindre? Quels sont les moyens d'y arriver?

Ardennes.

De l'importance des jeux dans l'éducation.

Développer cette pensée de Montaigne : « Les jeux des enfants ne sont pas des jeux; il faut les juger en eux comme leurs plus sérieuses actions. »

Utilité des récréations au point de vue de l'étude du caractère.

Ariège.

Le rôle et la responsabilité de l'instituteur pendant les récréations.

Aube.

Comment entendez-vous l'éducation physique à l'école primaire?

Aude.

« L'émulation, a écrit Rousseau, est une disposition dangereuse, à la vérité, mais que l'éducation peut transformer en une vertu sublime. » Expliquer cette pensée et montrer comment et dans quelle mesure l'instituteur peut avoir recours à l'émulation pour assurer la discipline et inspirer aux enfants le goût de l'étude.

Aveyron.

Comment doit-on occuper les enfants du cours élémentaire d'une école à une seule classe : 1° dans le cas où tous ces enfants ont passé par l'école maternelle; 2° dans le cas où aucun de ces enfants n'a passé par l'école maternelle ? Indiquer et discuter les méthodes à suivre pour obtenir de bons résultats.

Belfort (Haut-Rhin).

Exposez quels sont les moyens qui vous paraissent les meilleurs, et auxquels vous avez recours dans l'école que vous dirigez, pour provoquer l'émulation parmi vos élèves. — Laissez de côté la question des livres de prix.

Bouches-du-Rhône.

Comment doit-on corriger, dans les quatre divisions d'une école élémentaire régulièrement et complètement organisée, les différents devoirs ou exercices prescrits par la loi pour l'enseignement de la langue française?

Traitez la question surtout au point de vue pratique, en indiquant les règles que vous vous imposeriez pour la correction de ces exercices ou devoirs.

Calvados.

Vous avez dû lire quelque part que la seule méthode qui convienne à l'enseignement primaire est celle qui fait intervenir tour à tour le maître et les élèves, qui entretient, pour ainsi dire, entre eux et lui un continuel échange d'idées sous des formes variées, souples et ingénieusement graduées.

Dites si vous êtes de cet avis et pourquoi.

Montrez ensuite, par un exemple tiré du programme de la morale, comment vous appliquez ce principe pédagogique dans vos leçons à vos élèves.

Cantal,

Quel est le but de l'enseignement du dessin à l'école primaire? Et, ce but étant connu, quels sont les moyens les plus propres à y conduire? Chemin faisant, apprécier la valeur du cahier modèle.

Charente.

Du travail des enfants dans la famille. — Convient-il de donner des devoirs à faire et des leçons à apprendre hors de l'école? — A quelles conditions ces exercices peuvent-ils être profitables?

Charente-Inférieure.

De l'enseignement moral. — Comment et dans quelles limites peut-il être mêlé aux autres enseignements de l'école primaire?

Cher.

Des divers procédés employés pour l'enseignement de l'orthographe, et en particulier de la dictée. Choix et mode de correction de la dictée.

Corrèze.

Des exercices écrits à l'école primaire. — Quelles sont, à votre avis, les règles générales qui doivent présider au choix des exercices écrits à l'école primaire? Faites-en l'application dans chacun des cours et pour chacune des matières du programme. Exposez, en terminant, quelle méthode vous paraît la meilleure pour la correction des devoirs écrits.

Corse.

Vous citerez quelques-uns des morceaux choisis que vous faites apprendre à vos élèves du cours moyen et vous donnerez les motifs de vos préférences. Vous citerez également certains morceaux insérés dans les recueils qui sont entre vos mains et moins appropriés, suivant vous, à la tournure d'esprit et au degré de culture de ces mêmes élèves. Justifier ces exclusions.

Côte-d'Or.

De l'analyse grammaticale et de l'analyse logique. De la part qui doit leur être faite dans l'étude de la langue française : cours élémentaire, cours moyen, cours supérieur.

Côtes-du-Nord.

Comment doit être entendue et pratiquée l'instruction morale dans les trois cours d'une école primaire?

Creuse.

Comment sont organisés dans votre classe les exercices de mémoire? Quels morceaux avez-vous fait réciter depuis le commencement de l'année scolaire, et quel profit vous a-t-on paru en tirer?

Dordogne.

Du rôle de l'instituteur stagiaire à l'école primaire. — Comment, pendant la durée de son stage, peut-il se préparer efficacement à subir les épreuves du certificat d'aptitude pédagogique?

Doubs.

Que faut-il entendre par «la méthode intuitive»? Dans quelle mesure est-elle applicable aux diverses parties du programme de l'école primaire élémentaire?

Drôme.

De bons esprits recommandent de ne mettre aucun livre entre les mains des élèves; d'autres trouvent que le livre est un auxiliaire indispensable : Faites connaître votre opinion.

Eure.

De l'exercice de la récitation littéraire dans le cours supérieur d'une école primaire élémentaire : son utilité; comment doit-il être pratiqué?

Eure-et-Loir.

Interpréter cette pensée : «Il n'est aucun enseignement dont on ne puisse bien tirer quelque leçon morale».

Finistère.

I. — Instituteurs.

Importance des leçons de choses. — Conditions que doit réunir une bonne leçon de ce genre.

Tracer un programme de leçons de choses pour les trois cours de l'enseignement primaire. — Le commenter et l'expliquer.

II. — Institutrices.

Quels avantages trouvez-vous à faire apprendre à vos élèves des morceaux choisis de prose ou de vers?

A quelle condition doit satisfaire le choix de ces morceaux?

Dites comment vous procédez dans votre classe pour rendre ces exercices intéressants.

Gard.

I. — Instituteurs.

Conseils d'un instituteur à un de ses anciens élèves qui vient d'être chargé de la direction d'une école dans une commune rurale. Ces conseils seront donnés sous forme de lettre. Ils porteront :

1° Sur les devoirs du maître d'école;

2° Sur le travail personnel que lui impose sa profession pour le perfectionnement de son enseignement;

3° Sur les relations avec les familles et les autorités locales.

II. — Institutrices.

Quelles sont les qualités d'une bonne institutrice?

Garonne (Haute-).

Pour l'enseignement de l'arithmétique, mettez-vous un livre entre les mains des élèves :

Au cours élémentaire?

Au cours moyen ?

Au cours supérieur ?

Donnez votre avis sur l'utilité du livre dans chacun de ces cours.

Gers.

Quelle part faut-il laisser à la mémoire dans l'étude des diverses matières qui constituent le cours moyen et le cours supérieur, dans une école primaire à trois classes?

Gironde.

« La lecture expliquée sera la partie la plus vivante et la plus vivifiante de la classe, quand les instituteurs auront bien compris la nécessité de préparer la leçon de lecture avec un soin scrupuleux. » (*Extrait d'un rapport d'inspection générale.*) — Appréciez ce jugement.

Hérault.

De la récitation des morceaux choisis. Parti qu'on peut en tirer pour l'instruction et l'éducation. Préparation et direction de cet exercice dans les différents cours de l'école primaire.

Ille-et-Vilaine.

Quelles sont les difficultés que vous avez rencontrées, au début, dans la direction de votre classe? — Comment êtes-vous arrivé à les vaincre?

Indre.

Le maître doit être à la fois aimé et respecté de ses élèves. Quels seront ses moyens d'action à l'intérieur comme à l'extérieur de l'école pour atteindre ce double but?

Indre-et-Loire.

« Faites en sorte que l'enfant ne subisse pas l'instruction, mais qu'il y prenne une part active », a dit un pédagogue éminent. On lit d'autre part dans le plan d'études du 27 juillet 1882, (méthode de l'enseignement intellectuel): « Le maître part toujours de ce que les enfants savent et, procédant du connu à l'inconnu, les conduit, par l'enchaînement des questions orales, à découvrir les principes et les règles qu'ils ont déjà inconsciemment appliqués. »
Montrez comment on peut appliquer cette méthode à l'enseignement de la grammaire.

Isère.

En quoi consiste pour vous une leçon de lecture expliquée?

Jura.

Certains instituteurs mettent entre les mains de leurs élèves du cours élémentaire, et même de la section enfantine, des livres d'arithmétique, de grammaire, d'histoire, de géographie.

D'autres font des leçons à ces enfants sans l'intermédiaire de livres.

Quel système vous paraît-il le meilleur? Indiquez les raisons qui déterminent votre choix.

Landes.

La lecture à l'école primaire: ce qu'elle est; ce qu'elle devrait être. — Des moyens de l'améliorer.

Loir-et-Cher.

Des trois objets de l'éducation de l'enfant à l'école primaire. — Énumérer les différentes parties du programme correspondant à ces trois objets. — Montrer que, malgré ces trois objets, l'éducation est cependant une.

Loire.

Exposer les moyens pratiques que l'instituteur doit employer pour combattre la paresse et pour donner à ses élèves le goût des travaux scolaires.

Loire (Haute-).

Un jeune instituteur, pourvu du brevet supérieur, qui croyait n'avoir plus besoin d'apprendre, s'aperçoit, après un an d'exercice dans une école, qu'il a au contraire beaucoup appris.

Dans une lettre adressée à son ancien maître, il expose les réflexions que sa découverte lui a suggérées.

Loire-Inférieure.

On a dit que les enfants sont surmenés, surchargés dans les écoles primaires, comme dans l'enseignement secondaire : exposez, avec des motifs et des faits à l'appui, votre opinion sur cette question capitale.

Loiret.

D'où vient que les enfants de nos écoles parlent si peu? Qu'y perdent l'instruction proprement dite et le développement intellectuel? Par quels moyens l'instituteur peut-il amener les enfants à dire ce qu'ils savent et ce qu'ils pensent?

Lot.

De la dictée à l'école primaire :

1° Parti qu'on peut tirer de cet exercice pour l'enseignement de l'orthographe, la préparation à la composition française et à la culture générale de l'esprit.

2° Choix et correction des dictées. (Indiquez comment vous procédez dans votre école.)

Lot-et-Garonne.

Pour être profitable, l'enseignement doit être bien donné par le maître et bien compris par les élèves.

Quels moyens employez-vous pour arriver à ce double résultat?

Vous pourrez donner deux ou trois exemples pratiques, empruntés aux matières du programme officiel.

Lozère.

De l'enseignement de la morale à l'école primaire : en montrer l'importance; indiquer par quels procédés cet enseignement peut être fructueusement donné aux élèves des différents cours.

Maine-et-Loire.

Comment doit-on, à votre avis, enseigner le dessin dans les trois cours d'une école primaire?

Manche.

De la nécessité et des avantages du travail personnel pour l'instituteur. — Des conditions de ce travail.

Marne.

Définition, caractère propre de la leçon de choses; peut-il se mêler à toutes les parties de l'enseignement? Méthode à suivre, précautions à prendre pour donner les leçons de choses. Écueils à éviter.

Relation des leçons de choses avec les musées scolaires. Composition des musées.

Marne (Haute-).

De la discipline à l'école primaire : son influence au point de vue intellectuel et moral. Procédés à employer dans les trois divisions.

Mayenne.

Vous montrerez le rôle de l'attention dans la culture intellectuelle, et vous indiquerez les moyens que vous employez pour obtenir l'attention de la part de vos élèves.

Meurthe-et-Moselle.

De l'enseignement du français au cours supérieur : comment et dans quelle mesure doit-on faire intervenir la grammaire, la lecture expliquée et les exercices de composition?

Meuse.

Du rôle de la mémoire dans l'enseignement. — Par quels moyens développez-vous cette faculté, et dans quelle mesure l'appliquez-vous à l'étude de chacune des matières du programme des écoles primaires?

Morbihan.

On a fréquemment recommandé les exercices de récitation dans toutes les divisions de l'école primaire. 1° Pourquoi? 2° Dites ce que vous faites pour vous conformer à cette recommandation.

Nièvre.

Un jeune instituteur, appelé récemment à la direction d'une école dans une commune rurale, a entendu dire que les enfants de cette commune étaient peu intelligents, qu'ils étaient naturellement paresseux, que les parents ne tenaient pas à l'instruction..... Que doit-il penser de ces assertions? — Que doit faire, en tout cas, cet instituteur?

Nord.

I. — INSTITUTEURS.

De l'enseignement oral et de l'enseignement par le livre. — Importance de l'enseignement oral; méthode à suivre, dangers à éviter. — Rôle du livre. — Montrer comment les deux procédés se complètent l'un l'autre.

II. — INSTITUTRICES.

Le tableau de l'emploi du temps prescrit des lectures par la maîtresse. Montrez que vous comprenez l'importance de cette prescription. Exposez comment, selon vous, ces lectures doivent être faites.

Oise.

De l'emploi du tableau noir à l'école primaire, soit pour les leçons, soit pour la préparation et la correction des devoirs.

Orne.

La leçon orale. — Caractères essentiels. Ses avantages et ses inconvénients. Procédés accessoires qui peuvent la rendre plus fructueuse.

Pas-de-Calais.

I. — INSTITUTEURS.

Quelles sont les conditions essentielles de la leçon de choses? Comment se prête-t-elle à l'emploi de la méthode socratique?

II. — INSTITUTRICES.

Vous êtes institutrice dans une commune rurale et vous avez voulu organiser d'une façon sérieuse les travaux de couture; mais vous avez rencontré des difficultés de plus d'une sorte.

Écrivez à une de vos amies, institutrice comme vous; exposez-lui les difficultés, dites-lui comment vous en avez triomphé, et finalement comment cet enseignement est maintenant organisé dans votre école.

Puy-de-Dôme.

L'instituteur doit enseigner à ses élèves à parler et à écrire, mais on ne lui demande pas de former des orateurs ou des écrivains. Il ne peut être question de *style* à l'école primaire: ce mot, qui ne figure nulle part dans les programmes, est abusivement employé pour désigner *des exercices très simples de composition française.*

Cela posé: quel est le but auquel doit tendre l'instituteur dans l'enseignement de la langue parlée ou écrite? Que peut-il exiger de ses élèves, et de quoi doit-il en général se contenter? Indiquez les moyens pratiques, les procédés qui vous semblent les plus sûrs pour arriver au résultat cherché.

Pyrénées (Basses-).

Des promenades scolaires. — Leur caractère et leur utilité. — Comment les organiserez-vous dans vos écoles pour les rendre attrayantes et profitables?

Pyrénées (Hautes-).

Montrez par quels liens l'instruction civique se rattache, comme l'indiquent les programmes officiels, d'une part à l'enseignement de l'histoire et de la géographie, d'autre part à l'enseignement moral.

Pyrénées-Orientales.

De la surveillance des enfants pendant la récréation. — Démontrez-en la nécessité et l'importance. — Faites ressortir les avantages qu'elle peut offrir pour la connaissance des caractères et le travail délicat de l'éducation. — Cherchez dans les souvenirs de votre expérience personnelle quelques exemples à l'appui de vos affirmations.

Rhône.

Expliquer cette pensée d'un pédagogue contemporain (Diesterweg) : «Là où l'école est tombée, elle est tombée par les maîtres; là où elle s'est élevée, c'est par les maîtres.»

Saône (Haute-).

La discipline a péri dans une école : exposez les moyens que vous jugez les plus propres à la rétablir.

Saône-et-Loire.

Importance des jeux en éducation. — Quel doit être le rôle de l'instituteur pendant les récréations?

Sarthe.

De la nécessité d'une bonne discipline. — Vous indiquerez par quels moyens et dans quelle mesure vous avez su l'obtenir dans votre école.

Savoie.

De l'éducation physique : 1° objet; 2° méthode.

Savoie (Haute-).

Étudier avec attention le texte suivant :

«On fait du vinaigre avec du bois; du blanc de baleine avec la chair des chevaux; du savon avec celle des poissons; de l'ammoniac avec des rognures de drap; du sel d'oseille avec du sucre; du sucre avec de l'amidon. On extrait des vieux os une corne artificielle qui s'étend ou se moule comme on veut, ou qui s'amincit en un papier à calquer, transparent comme le verre. Un peu d'acide sulfurique rend l'huile la plus impure inodore et blanche comme de l'eau. Déjà, depuis quelques années, les lampes à courant d'air illuminent les moindres demeures, à dix fois moins de frais qu'autrefois. Mais la chimie a vu qu'on pouvait faire mieux encore : elle a tiré l'air inflammable de la houille, et éclairé des fabriques, des ateliers, des maisons entières avec la même matière qui ne servait qu'à les chauffer. La source est à la cave, et l'on a dans chaque pièce un robinet de lumière comme on en aurait un de fontaine. » (Cuvier.)

1° Auquel des trois cours conviendrait-il de donner en dictée le morceau qu'on vient de lire? Faites connaître votre avis, en le motivant avec précision et brièveté.

2° Indiquer la façon dont vous donneriez ce devoir (dictée, lecture, explication de texte).

3° Indiquer la façon dont vous le corrigeriez.

Insister particulièrement sur ces deux dernières questions, de manière à donner une idée complète de vos méthodes et de vos procédés d'enseignement relativement à la dictée, des raisons qui vous les ont fait adopter et les résultats que vous en attendez.

Seine.

Quelle différence y a-t-il entre l'instruction et l'éducation?
Comment donnez-vous l'éducation dans votre classe?

Seine-et-Marne.

Importance de l'hygiène scolaire. — Quelles sont les prescriptions qui doivent le plus préoccuper l'instituteur? — Comment il peut et doit en assurer l'accomplissement.

Seine-et-Oise.

L'enseignement de l'orthographe à l'école primaire. — Quels sont les moyens que vous employez pour apprendre l'orthographe aux enfants? Faites ressortir l'efficacité de ces moyens.

Seine-Inférieure.

Quelle méthode employez-vous pour l'enseignement de la géographie dans chacun des trois cours de l'école?

Sèvres (Deux-).

Indiquer quels sont les instruments de travail que l'instituteur doit avoir à son service pour l'enseignement de la géographie, et quel parti il peut en tirer.

Somme.

Des moyens à employer pour donner à l'enseignement en général un caractère vraiment patriotique et français.

Tarn.

Montrer que la lecture est la plus précieuse, la plus abondante et la plus variée de toutes les ressources mises au service de l'éducateur.

Tarn-et-Garonne.

1° *Aspirants.* — Le directeur d'une école importante constate que les élèves du cours élémentaire et du cours moyen sont très faibles en orthographe. Il cherche les causes de cette faiblesse regrettable, et après avoir démontré l'importance de cette étude aux stagiaires placés sous ses ordres, il leur indique comment il faut choisir une dictée d'orthographe et comment il convient de la corriger oralement.

2° *Aspirantes.* — Comment entendez-vous l'exercice de rédaction ou de composition française au cours moyen et au cours supérieur ? Quelle est, selon vous, la manière la plus profitable de procéder à la correction des travaux d'élèves ?

Var.

Des leçons de géographie dans les écoles primaires. — Vous exposerez comment il convient, selon vous, de procéder dans la pratique pour qu'elles ne s'adressent pas exclusivement à la mémoire, mais qu'elles concourent au développement du jugement et de l'instruction générale des élèves.

Vaucluse.

Quels moyens emploierez-vous pour que vos élèves retirent le plus de profit possible des ouvrages de la bibliothèque scolaire ?

Vendée.

Un écrivain latin a dit : «Il faut que l'élève ait confiance.» Chez les disciples de Pythagore cette seule parole : «Le maître l'a dit», enlevait tout prétexte à la discussion et au doute.

Que pensez-vous du précepte latin et du mot des pythagoriciens? En faire l'application à la pédagogie moderne, au point de vue des élèves et des maîtres.

Vienne.

Apprécier et commenter cette pensée : «L'instituteur ne doit jamais oublier que, si l'emploi du livre est nécessaire à l'école, l'enseignement par excellence est l'enseignement oral. »

Vienne (Haute-).

Faire ressortir l'importance de la lecture à l'école primaire.

Vosges.

Développer cette maxime :
La meilleure méthode ne vaut pas un bon maître.

Yonne.

De la récitation à l'école primaire de morceaux extraits des écrivains français. — Quelles qualités faut-il rechercher dans ces morceaux? Quels avantages peut-on retirer de cet exercice?

ALGÉRIE.

Alger.

Comment appliquez-vous dans votre classe les programmes relatifs à l'enseignement de la langue française? Quelles difficultés rencontrez-vous? Comment espérez-vous en triompher et quels résultats avez-vous déjà obtenus?

Constantine.

Appréciez cette pensée de Fénelon : «Il faut toujours montrer aux enfants un but solide et agréable qui les soutienne dans leur travail.» — Montrez comment l'instituteur peut faire l'application de cette maxime dans son enseignement.

Oran.

Des devoirs dits *devoirs à la maison*. — Faites connaître ce que vous en pensez et justifiez votre opinion.

9

TABLE DES MATIÈRES.

Fascicule n° 11.

Le projet de loi sur l'organisation de l'enseignement primaire (1886), recueil de documents parlementaires relatifs à la discussion de cette loi au Sénat (2ᵉ *délibération*). Un volume in-8° de 391 pages. Prix.. 2 fr.

Fascicule n° 12.

La philosophie et l'éducation ; Descartes et le XVIIIᵉ siècle, par Georges Lyon.

Fascicule n° 13.

Conférence sur l'histoire de l'art et de l'ornement, par Edmond Guillaume.

Fascicule n° 14.

Les écoles industrielles à l'étranger, d'après les rapports de MM. Salicis et Jost. (Sous presse.)

Fascicule n° 15.

Les boursiers de l'enseignement primaire à l'étranger, par Jost. (Sous presse.)

Fascicule n° 16.

Écoles d'enseignement primaire supérieur. Historique et législation.

Fascicule n° 17.

Rapport sur l'instruction publique à l'exposition universelle de la Nouvelle-Orléans, par B. Buisson.

Fascicule n° 18.

Le projet de loi sur l'organisation de l'enseignement primaire (1886), recueil de documents parlementaires relatifs à la discussion de cette loi à la Chambre des députés. Un volume in-8° de 308 pages. Prix.. 1ᶠ 75ᶜ.

Fascicule n° 19.

Les colonies de vacances. (Sous presse.)

Fascicule n° 20.

Règlements organiques de l'enseignement primaire.

Fascicule n° 21.

Catalogue des bibliothèques scolaires.

Fascicule n° 22.

Catalogue des bibliothèques pédagogiques.

Fascicule n° 23.

Catalogue des lectures récréatives pour les veillées de l'école et de la famille.

Fascicule n° 24.

Catalogue des périodiques scolaires de tous les pays.

Fascicule n° 25.

Résumé du Répertoire des ouvrages pédagogiques du XVIᵉ siècle.

Fascicule n° 26.

Le congrès de Stockholm, par M. Paul Passy.

Fascicule n° 27.

Règlements relatifs à la création et à l'installation des écoles publiques.

Fascicule n° 28.

Pestalozzi, étude, par M. Hérisson.

Fascicule n° 29.

Le certificat d'aptitude pédagogique, par M. Berger.

Fascicule n° 30.

Le certificat d'études primaires supérieures.

Fascicule n° 31.

La bibliothèque circulante du musée pédagogique.

Fascicule n° 32.

Les bibliothèques des écoles normales d'instituteurs et d'institutrices. Catalogues, relevés, statistiques, Conseils et Direction.

Fascicule n° 33.

Deux lettres ministérielles aux instituteurs de France. (Préface de M. Pécaut.)

Fascicule n° 34.

Enseignement de l'agriculture. (En préparation.)

Fascicule n° 35.

Les diplômes de capacité pour l'enseignement du dessin, par M. Keller. (En préparation.)

Fascicule n° 36.

Bourses de l'enseignement primaire supérieur.

Fascicule n° 37.

. . . .

Fascicule n° 38.

. . . .

Fascicule n° 39.

Extraits d'Horace Mann, avec notice, par M. Gaufrès.

Fascicule n° 40.

Décrets, arrêtés, circulaires et décisions ministérielles pour l'application de la loi du 30 octobre 1886 et des règlements organiques du 18 janvier 1887.

www.ingramcontent.com/pod-product-compliance
Lightning Source LLC
LaVergne TN
LVHW020659200726
843508LV00002B/828